Comprender y mejorar la conducta trabajando en grupo

Comprender y mejorar la conducta trabajando en grupo

Una metodología centrada en el alumno

Cath Hunter

NARCEA, S. A. DE EDICIONES
MADRID

*"Procuremos siempre esmerarnos
en que nuestras obras
sean el mejor testimonio de la bondad de nuestra conducta,
pues no hay argumento que más convenza
que el de los hechos."*

Pedro Poveda

© NARCEA, S. A. DE EDICIONES, 2016
Paseo Imperial 53-55, 28005 Madrid. España
www.narceaediciones.es

© Routledge, a member of the Taylor and Francis Group
Título original: *Understanding and Managing Children's Behaviour through Group Work*

Traducción: Pablo Manzano Bernárdez
Cubierta: Soraya Andújar

ISBN libro papel: 978-84-277-2125-8
ISBN eBook: 978-84-277-2127-2
Depósito legal: M-676-2016

Composición: Montytexto

Impreso en España. Printed in Spain
Imprime: Lavel. Polígono Industrial Los Llanos. Humanes (Madrid)

ÍNDICE

I. UN ENFOQUE CENTRADO EN EL ALUMNO PARA LOGRAR SU SALUD EMOCIONAL Y PARA COMPRENDER SU CONDUCTA

II. CÓMO UTILIZAR EL TRABAJO EN GRUPO PARA PROMOVER LA SALUD EMOCIONAL DE LOS ALUMNOS Y MEJORAR SU CONDUCTA

Prólogo

En nuestra escuela nunca hay un comienzo de jornada tranquilo. Una de estas atareadas mañanas de martes, Cath y yo estábamos juntas mirando al pequeño Jack que iba a toda velocidad por la larga y tentadora explanada que es nuestro pasillo inferior. Yo grité: "Jack, camina despacio". Cath se limitó a reír y dijo: "Aún no, Carol". ¿Y cuál fue la reacción de Jack? No nos hizo ni caso, y continuó dando vueltas como si fuese una peonza. En esa época, Jack acababa de empezar primero, tenía cinco años y hacía poco que había comenzado la terapia del juego con Cath.

Por desgracia, la historia de Jack, aunque impactante, no es rara; nacido ya adicto a la heroína y sin haber tenido relación con su madre, vivía con su hermana mayor, quien tenía la custodia. Parecía y se comportaba como un niño mucho más pequeño y pasaba la jornada escolar dedicado a una actividad solitaria, pero sobre todo física. ¡Tratar de enseñar a Jack era como tratar de recoger agua entre las manos!

Entró Cath en escena; su consejo experto y sus maneras tranquilas dieron a Jack espacio para relajarse y para descubrirse en el entorno seguro y no dirigido de la sala de juego. Jack se implicó con Cath inmediatamente, aunque ella decía que necesitaba de tiempo extra para arreglar la sala de juego después de sus sesiones con Jack. Cada vez que ella regresaba al aula, él corría delante de ella y todos le oíamos llegar.

Cath no abandonó a Jack, aconsejó a sus maestros acerca de cómo enseñarle y dedicó tiempo a ayudar a su hermana a descubrir sus necesidades, orientándola con respecto a las formas de satisfacer esas necesidades. Cuando los especialistas respondieron abruptamente con un diagnóstico de TDAH para el niño, Cath me ayudó a escribir una carta pidiéndoles que esperaran a que la terapia de juego desplegara su magia antes de medicarlo.

Jack es una de las personas con dificultades graves que nos han confiado; sus oportunidades vitales quedaron comprometidas antes de nacer, pero, con el apoyo de Cath, le estamos ayudando a superarlo.

Cath Hunter, la autora de este libro ha trabajado así en nuestra escuela y en otras para ayudar a niños como Jack y los que están sufriendo problemas menos graves pero significativos en la vida. Ella ha trabajado con maestros para desarrollar sus destrezas y conocimientos de manera que puedan enseñar a todos los niños e interactuar con ellos de un modo sereno y eficaz. Su forma de trabajar y sus sólidos consejos son ahora accesibles a muchos maestros y a sus equipos con esta guía sencilla y práctica.

Cath escribe con autoridad y, como lo hace todo, con empatía. Sus ideas son fáciles de implementar y están probadas y comprobadas; funcionan. Ella ha trabajado en escuelas y conoce los retos a los que nos enfrentamos muchos de nosotros, que tratamos de sacar adelante a niños desequilibrados. Escribe con mucha claridad porque se ha enfrentado a estos retos en primera persona: sus métodos están basados en conocimientos especializados acerca de cómo se desarrollan los niños y lo que necesitan para prosperar.

No puedo recomendar el libro de Cath todo lo que se merece; su finalidad es ayudar y apoyar a quienes estamos tratando de hacer las cosas bien: el origen de este libro está en la empatía. Sin la menor duda, este libro ocupará un sitio en nuestra biblioteca de maestros.

¿Y qué pasa ahora con Jack? Un año después, camina por el pasillo y se sienta con sus compañeros en la alfombra de su aula. Permanece allí el tiempo suficiente para escuchar. Está aprendiendo y haciendo progresos aunque todavía le cuesta aprender ideas que otros niños de su edad comprenden. Quizá el mejor indicador del desarrollo de Jack sea que la semana pasada, mientras Cath y yo estábamos hablando en el pasillo, él se acercó a ella, la abrazó y después, completamente dueño de sí mismo, se encaminó hacia su aula. Ahora, se le han abierto nuevas oportunidades.

CAROL POWELL
DIRECTORA

Introducción

Para muchas personas que trabajan en escuelas primarias, su deseo de apoyar y estimular el aprendizaje se ve perturbado por niños que no cumplen las expectativas de participación en su vida escolar cotidiana. Los hay que se niegan a seguir instrucciones, parecen ser perturbadores a propósito y desafían a los maestros. También hay niños tímidos, que están manifiestamente deseosos de agradar y son incapaces de establecer y mantener relaciones. En algunas escuelas hay solo unos pocos niños que preocupan, en otras pueden ser muchos. Este libro está pensado para ayudar al personal de la escuela a comprender y apoyar a estos niños y a que consigan desarrollar, por tanto, todo su potencial en la escuela.

La finalidad de este libro es facilitar un mayor conocimiento de la conducta de los niños y permitir que el profesorado de la escuela sea más consciente de lo que los niños puedan estar tratando de comunicar a través de su conducta.

Se orienta a promover modos de pensar diferentes sobre los niños y a facilitar una mejor comprensión de sus dificultades, animando al personal de la escuela a examinar los posibles significados que subyacen a las acciones de los niños. Es importante captar por qué un niño puede estar haciendo algo, en vez de atender solo a su conducta. Examina también la importancia de ayudar a los niños con sus sentimientos en vez de tratar solo de hacer que detengan su comportamiento inadecuado.

El libro está dividido en dos partes para ayudar al lector a enlazar la teoría del apoyo a la salud y el bienestar emocionales, y la mejora del comportamiento con las herramientas prácticas que permitan que el profesorado consiga esto de forma habitual.

Los miembros del personal de la escuela pueden encontrarse con niños que muestran unas conductas desafiantes para lograr que el personal de la escuela se fije en ellos. Este libro está orientado a examinar las posibles razones por las que los niños puedan estar mostrando esas conductas, además de facilitar estrategias que puedan implementarse en el aula para conseguir unos cambios positivos. Pretende suscitar también la conciencia de la presencia de los niños que puedan ser menos visibles y requieran apoyo adicional a fin de garantizar que se los tenga en cuenta y se satisfagan sus necesidades.

El libro presenta técnicas accesibles y exitosas para que las utilice el personal de la escuela con el fin de mejorar la autoestima y la conducta relacional de los niños y promover su salud emocional y su bienestar.

Espero que su lectura anime a los miembros del personal de la escuela a reflexionar sobre la conducta y la comunicación del niño con el fin de mejorar la comprensión y promover una mayor conciencia de la influencia de las circunstancias externas sobre nuestra salud mental y nuestro bienestar. Este conocimiento puede influir en la forma de responder los adultos a los niños, lo que, a su vez, puede influir positivamente en la relación entre el personal de la escuela y los niños. Cuando los adultos están abiertos a hacer pequeños cambios en su forma de ver y responder a la conducta de los niños, su postura puede tener un impacto positivo en ellos, logrando que se sientan más aceptados y comprendidos. Las técnicas y sugerencias se centran en fortalecer la relación adulto-niño y pueden hacer que los miembros del personal de la escuela se sientan más competentes y seguros en los papeles que desempeñan en la misma.

Dado que los niños pasan una parte muy importante de su vida en la escuela, esta desempeña un papel crucial, proporcionando toda una gama de experiencias sociales, además de tener un papel clave en el desarrollo de la resiliencia de los niños. Desempeña un papel vital tanto en la enseñanza como en el modelado de relaciones y destrezas de vida para los niños. Cuando los niños tienen experiencias difíciles fuera de la escuela, pueden no estar bien equipados para arreglárselas en ella y participar en su aprendizaje. En este sentido, la escuela está en una posición ideal para ayudarlos en esto y proporcionarles las destrezas necesarias para tener una vida satisfactoria.

Este libro examina la importancia de considerar las necesidades individuales y las necesidades sociales y emocionales de los niños, que son tan importantes como sus necesidades de aprendizaje y tienen un impacto enorme en su capacidad de participar en su aprendizaje.

Tomar conciencia y comprender la salud emocional de los niños es básico para lograr su bienestar general y su aprendizaje. La seguridad, las necesidades y el bienestar físicos y emocionales de los niños tienen que ser una prioridad para las escuelas con el fin de que los niños sean felices, estén a salvo y seguros, y desarrollen todo su potencial.

En la escuela podemos pedir a los niños que lleven a cabo tareas que puedan exponerlos o hacer que se sientan vulnerables, como leer en voz alta en el aula o tomar parte en una asamblea o una obra teatral escolar. Los niños tienen que sentirse seguros para hacer estas cosas. Cuando a un niño le resulta difícil poner en palabras sus sentimientos, está en desventaja en la escuela para hacer y mantener amistades y ser capaz de acceder al currículo. Los niños que son capaces de entender y expresar sus sentimientos pueden alcanzar el éxito en la escuela y realizar todo su potencial con más facilidad.

Utilizar el lenguaje reflexivo es un concepto clave en este libro y, según mi experiencia, es una de las herramientas más poderosas que pueden cambiar la conducta de los niños y encaminarlos hacia una salud y un bienestar mentales mejores. El uso del lenguaje reflexivo en todo el libro y, particularmente, en las notas del facilitador que acompañan cada sesión, pueden utilizarse con los niños en cualquier contexto y ofrecer un enfoque diferente del trabajo con los niños. Este método singular y fácil de utilizar les ayuda a desarrollar la auto-conciencia, el autocontrol y la resiliencia, todos ellos ingredientes esenciales de la salud y el bienestar emocionales.

Los maestros que han utilizado las actividades que proponemos de Trabajo en Grupo han señalado la eficacia de esta herramienta, tanto en las sesiones como en el resto de sus funciones en la escuela, como una forma de controlar la conducta. También se han percatado de que su mayor autoconciencia se ha traducido en una mejor comprensión de la conducta de los niños. Los *ejemplos concretos de lenguaje reflexivo y la práctica reflexiva del profesorado, permiten a los miembros del personal de la escuela hacerse más conscientes de qué, por qué y cómo se comunican los niños a través de su conducta*, al tiempo que se incrementa su conciencia de su forma de responder a ello. Este cambio en el pensamiento de los miembros del personal de la escuela puede llevarlos a una mejor comprensión de sí mismos y de las razones de sus reacciones en determinadas situaciones, junto con una mayor conciencia de otros miembros del personal de la escuela. Estas mejores relaciones de trabajo pueden tener una influencia positiva en los niños.

Yo invito a todos los miembros del personal de la escuela, a toda la comunidad escolar con independencia de su papel, a que prueben las estrategias y reflexiones del profesorado y las examinen utilizando el lenguaje reflexivo. Esta es una forma nueva de comportarse para el profesorado: experimenten con ella, utilícenla provisionalmente mediante expresiones como "preguntarse", "quizá" o "a veces", en vez de "contar". Mientras lea este libro, lo animo a que piense en los niños con los que trabaja a diario y considere lo que puedan estar tratando de comunicarle mediante su conducta. En todo el libro, utilizo "poder" para reiterar la importancia de recordar que todos los niños son personas individuales y, en consecuencia, "pueden" responder de forma diferente a las situaciones.

Aludiré a mis propias experiencias de utilización de los programas de trabajo en grupo junto con las experiencias de las personas que los implementaron, pues todas las actividades de trabajo en grupo han sido utilizadas por mí y por profesores y profesoras de apoyo, auxiliares docentes, mentores de aprendizaje y trabajadores familiares.

Las personas que utilizaron el trabajo en grupo sentían que aumentaba su comprensión de la conducta de los niños y les daba una visión de lo que los niños estaban tratando de comunicar. El resto del personal escolar, incluyendo a los directores, comentó los cambios notables en los niños después de la intervención; tenían la sensación de que los había ayudado a integrarse más en la vida de la escuela. El Trabajo en Grupo es más eficaz cuando se emplea con un enfoque holístico, como un trabajo colaborativo de toda la escuela que se propone mejorar la salud emocional de los niños.

Los *Programas de Trabajo en Grupo* de este libro están probados y comprobados por el personal escolar que desempeña diversas funciones en varias escuelas. Pueden utilizarse con facilidad a lo largo del año escolar y proporcionan una oportunidad ideal para un trabajo más centrado en los niños que necesitan apoyo extra para su desarrollo social y emocional. Las actividades pueden adaptarse para su uso individual o con parejas de niños de modo que satisfaga las necesidades de estos. Los Programas de trabajo en grupo dan ocasión para que los niños practiquen y desarrollen destrezas y competencias que aumenten su probabilidad de inclusión social, en vez de quedar excluidos de la escuela y de la sociedad en su conjunto.

Con el fin de proteger la confidencialidad de los niños y del personal, los estudios de casos o ejemplos que se narran en el libro se han modificado, cambiándose los nombres y los detalles. Han sido extraídos de una serie de experiencias de mi trabajo durante varios años.

Espero que disfrute con este libro y con las actividades que propone, y que le permitan pensar de forma diferente acerca de los niños con los que trabaje.

Un enfoque centrado en el alumno

Para lograr su salud emocional y para comprender su conducta

1. ¿Qué necesita un niño para crecer emocionalmente sano?

Para que el niño logre el éxito en la escuela, necesita cierto grado de sano desarrollo emocional y social, de tal manera que esté emocionalmente dispuesto a aprender y pueda hacerlo. Esto implica que sea capaz de afrontar el éxito y el fracaso y que tenga la resiliencia necesaria para ello, además de ser capaz de pedir ayuda cuando la necesite. Eso supone tener seguridad en sí mismo y autoestima, tener la confianza en sí mismo y la independencia adecuadas a su edad, tener una autoimagen positiva y un fuerte sentido del yo, además de ser capaz de comprender sus propios sentimientos y de expresarlos. Necesita la estabilidad y la seguridad suficientes para poder controlar el cambio y la imprevisibilidad sin que estos factores deterioren su sensación de seguridad. También necesita tener las destrezas sociales necesarias para desarrollar, construir y mantener relaciones tanto con los adultos como con los niños.

¿Cuántos niños están equipados con todas esas destrezas para poder hacer esto?

La experiencia de ser emocionalmente sano se consigue merced a una combinación de las destrezas anteriores y no en aislamiento, del mismo modo que la habilidad del niño para sostener un lápiz depende de su coordinación óculomanual y de sus destrezas manipulativas. El efecto acumulativo de las experiencias del niño, las conductas aprendidas y las reacciones a los acontecimientos, ayuda a definir su sentido del yo y su capacidad para afrontar situaciones dentro y fuera de la escuela. Los niños necesitan información y explicaciones sobre lo que está ocurriendo para que sean capaces de dar sentido a sus experiencias.

AUTORREGULACIÓN

Para que los niños puedan regular sus reacciones y sus propios niveles de estrés, necesitan haber recibido esta experiencia de regulación de un adulto. Los bebés son incapaces de regular su propio estrés y dependen de sus cuidadores para que lo regulen por ellos. Por ejemplo, cuando un bebé llora porque tiene hambre, o porque está cansado o molesto y el adulto responde con amor y preocupación, la respuesta del adulto ayuda a reducir el estrés del bebé. Si un niño que llora es ignorado o se encuentra con la ansiedad o la hostilidad del adulto, su estrés puede aumentar. La forma de responder el adulto a este estrés puede ayudar al niño a desarrollar su propio sistema regulador del estrés o crear aún más estrés e impedir que ese desarrollo tenga lugar. Si el niño recibe lo que necesita de un adulto, se desarrolla un patrón que permite que el niño empiece a controlar el estrés por sí mismo.

Para que los niños se desarrollen sanos, el adulto tiene que responder al estrés del niño de un modo que lo tranquilice y lo alivie, en vez de exacerbar su estrés. Por ejemplo, Tom, de 3 años, está jugando feliz con un tren cuando otro niño se lo arrebata. Si se le tranquiliza, conforta, escucha y apoya, esa respuesta valida sus sentimientos y permite que se desarrollen sus sistemas reguladores del estrés. Si se le ofrece una explicación tranquila y clara con respecto a no golpear a otros niños, poco a poco va siendo capaz de comprender que esa conducta no es aceptable. Tom depende totalmente de los sistemas reguladores de estrés del adulto para que le ayuden a desarrollar los suyos. Si un adulto cariñoso es capaz de ayudarle con sus sentimientos y reconoce y alivia su estrés, desarrolla gradualmente la capacidad de hacer esto por sí mismo. Cuando surjan en su vida situaciones estresantes, tendrá la capacidad de controlarlas gracias a sus experiencias iniciales de estrés aliviadas por personas adultas cariñosas.

Sin embargo, si el adulto responde a la situación gritándole, empujándolo o dándole una bofetada por pegar al otro niño, Tom se sentirá aún más estresado y ansioso y será incapaz de desarrollar la autorregulación. De ese modo, no aprende a controlar el estrés y la ansiedad por sí mismo y, en cambio, aprende a recelar de otras personas y a temerlas, resultándole extremadamente difícil comunicarse. Está abrumado por sus sentimientos y es incapaz de autorregularse.

Estudio de Caso

Nyall, de 8 años, tenía rabietas periódicas en la escuela en las que se tiraba al suelo en el aula, tiraba cosas y, a veces, empujaba a los otros niños. No podía aceptar que tenía que compartir y arrebataba cosas para lograr lo que quería.

Posibles razones de la conducta de Nyall:

- Su padre golpeaba sistemáticamente a su madre si no le gustaba la comida que ella le preparaba.
- Su hermana pequeña le cogía sus juguetes y le decían que era un "llorón" y le gritaban si se enfadaba.

Cuando los niños no han tenido la experiencia de autorregulación facilitada por el padre o la madre, el personal de la escuela puede contribuir a desempeñar ese papel.

Estrategias para ayudar a los niños a autorregularse

- Responder a la intensidad de lo que el niño está sintiendo y reforzar esto con el tono de voz, las palabras y la expresión facial adecuadas; por ejemplo: "te has puesto furioso por no haber podido estar hoy en primera fila".
- Validar la experiencia del niño: es muy real para ellos, así que asegúrese de que sientan que los está tomando en serio; por ejemplo: "Cuando Sam te llamó estúpido, debió de hacerte mucho daño".
- Apoye al niño, ayudándolo a encontrar otras formas de expresar sus sentimientos si hace falta; por ejemplo: "Nunca está bien agredir a las perso-

nas, Michael; tenemos que encontrar otra forma de manifestar lo que sientes sin hacer daño a nadie".

- Ofrezca un enfoque calmado y tranquilizador, de manera que el niño sienta que lo está apoyando y aceptando, en vez de despreciar sus sentimientos; por ejemplo: "Cuando quieres utilizar el bolígrafo rojo y ya lo está utilizando otra persona, puede sentar bastante mal".

Las respuestas anteriores permiten que el niño se sienta conectado, comprendido y reconocido por quién es y lo que está sintiendo. Transmiten el mensaje: "Todos los sentimientos están bien y yo puedo ayudarte con ellos". Le ayuda a establecer el enlace entre los sentimientos y las palabras. Afirma el dolor que está sintiendo el niño y lo ayuda a entenderlo. Esto lo ayuda a sentirse menos abrumado y solo con los sentimientos y, por tanto, menos asustado. Esto ayudará al niño a desarrollar la autorregulación. Cuando un adulto interviene y ofrece apoyo, puede reducir los niveles de ansiedad del niño, además de validar sus experiencias y sentimientos, en vez de invalidarlos.

Estrategia del educador:

Flecha de enfado

Elabore un marcador *tranquilo-enfadado* pinchando con una chincheta una flecha sobre un fondo numerado, de manera que la flecha pueda girarse (véase la figura 1.1). El niño utiliza la flecha para evaluar su grado de enfado; se le apoya entonces, utilizando técnicas de relajación, como hacer una inspiración profunda y contar desde 10 hacia atrás o hacer una inspiración profunda contando 1, espirar contando 2, etc.; hasta 10 o más. Compruebe con el niño su grado de enfado con la flecha y examine lo que crea que lo ha ayudado.

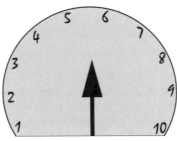

TRANQUILO · ENFADADO

El papel del facilitador durante el trabajo en grupo permite que los niños del grupo practiquen la autorregulación y da la oportunidad para que el facilitador les transfiera estas nuevas destrezas. Esta forma alternativa de responder a los sentimientos y a la conducta de los niños puede ejemplificarse en la escuela y capacita a todo el personal de la misma para utilizar un enfoque diferente.

Liberar sentimientos

Si un niño necesita ayuda para controlar sus sentimientos de ira y frustración, ofrézcale un bloc de notas grande y bolígrafos o crayones para que los utilice cuando lo necesite. Asegúrese de que estén a su alcance con facilidad, préstele su apoyo y hágale demostraciones si es preciso.

Esta actividad transmite el poderoso mensaje de que todos los sentimientos son aceptables y presenta una forma alternativa y constructiva de ayudar al niño a liberarlos. Puede ser una herramienta útil para ayudarlo en el proceso de autorregulación.

INDEPENDENCIA

Estudio de Caso

Hussein, de 8 años, estaba cambiándose de ropa para ir a Educación Física, con el resto de su clase. En una de sus zapatillas tenía un gran nudo del que no hacía más que tirar y trataba de deshacer. Su maestra se acercó y le ofreció ayuda. Él sacudió la cabeza, sin levantarla, y comenzó a morder el nudo con los dientes. Ella le explicó que, si no se daba prisa, la clase empezaría sin él y de nuevo le ofreció ayuda. Él sacudió la cabeza de nuevo y empezó a tratar de meter el pie a empujones por la parte de atrás de la zapatilla, lo que le hizo tambalearse y caer.

Posibles razones de la conducta de Hussein:

- De bebé, si lloraba, nadie acudía.
- Cuando se caía y se hacía daño, nadie lo consolaba.
- Si tenía hambre, él mismo tomaba algo de comida, aunque eso supusiera robarla.

Para Hussein, era imposible pedir ayuda o permitir que se la prestasen porque había aprendido a depender de la única persona que siempre había estado allí para él: él mismo. Había aprendido a asumir la independencia como forma de superar sus dificultades y temía depender de alguien o pedir ayuda porque nunca la había tenido. En la escuela, se mostraba como un individuo autosuficiente y que podía arreglárselas por su cuenta. Esto se traducía en que considerara problemática cualquier relación con niños y adultos, pues era controlador y manipulador como forma de encontrarse seguro en su mundo.

Para que los niños desarrollen un sentido de independencia y la capacidad de depender de sí mismos, ayuda que hayan tenido la experiencia de poder depender de un adulto que haya respondido adecuadamente a sus necesidades. A un niño que no haya tenido esta experiencia o que, habiéndola tenido, haya sido inconsistente puede aterrorizarle pedir ayuda o dejar que se la presten. Estos niños han aprendido a depender claramente de sí mismos como forma de sentirse seguros y necesitarán mucho apoyo para modificar esa conducta. Pueden pensar: "yo solo puedo fiarme de mí mismo". El reto para estos niños es confiar en que un adulto los apoye de forma consistente y comprender que es aceptable pedir ayuda a otros.

Estrategias para niños que solo se fían de sí mismos

- Entienda que han aprendido a hacer esto como un modo de sentirse seguros y asegúrese de no apropiarse de su espacio y de no invadirlo; por ejemplo, dele oportunidades para que trabaje a su lado de manera que pueda acceder a usted con facilidad y usted pueda ver si necesita ayuda.
- Tenga en cuenta su necesidad de hacer cosas por sí mismo y reflexione en lo que pueda suponer cambiar esto; por ejemplo: "Veo que te está costando colocar esa pieza del rompecabezas. ¿Qué tal si te ayudo a hacerlo?".
- Deje que lleve la voz cantante en la relación con usted y que, poco a poco, reciba ayuda cuando quiera y a su propio ritmo con discretos recordatorios de que usted está a su alcance y dispuesto a ayudarlo; por ejemplo: "Estás trabajando mucho para construir esa maqueta; recuerda que puedo ayudarte en cualquier momento si lo necesitas".
- Diríjale fuertes mensajes que validen que está muy bien pedir ayuda; por ejemplo: "Incluso los adultos necesitan ayuda para ciertas cosas a veces y está muy bien pedirla para lo que la necesitemos".

La experiencia de desarrollar la autosuficiencia y hacerse más independiente es un proceso gradual que se desarrolla durante la infancia. Para que un niño lo consiga de un modo sano, es necesario darle oportunidades de experimentarlo. La capacidad de un niño de hacer cosas de forma independiente depende de diversos factores y se ve afectada por su seguridad en sí mismo y su autoestima junto con la oportunidad de desarrollar estas destrezas. En la escuela puede haber la expectativa de que los niños tengan un nivel de autosuficiencia que les permita afrontar la jornada escolar. Por ejemplo, ser capaces de cambiarse de ropa para asistir a Educación Física con poca o ninguna ayuda de los adultos, dependiendo de su edad. Para un niño que no tenga experiencia de esto en casa, quizá porque lo hayan tratado como a un bebé, para satisfacer las necesidades de sus padres, la misma experiencia de esto puede resultarle abrumadora.

Estrategias para ayudar a los niños a desarrollar la autosuficiencia

- Dé oportunidades durante el día para que los niños lleven a cabo tareas por sí mismos; por ejemplo, rellenar su botella de agua al principio de cada jornada.
- Esté atento a las oportunidades de ayudar a otros niños con pequeñas tareas; por ejemplo: "Por favor, ¿podrías ayudar a tu compañero a encontrar su abrigo?"

- Asegúrese de que los niños sean recompensados por sus esfuerzos, así como por sus logros; por ejemplo: "Has trabajado mucho para atarte el zapato, bien hecho".
- Hable con los padres del niño y señale algo que haya hecho bien o conseguido ese día; anímeles a que vean la importancia de que el niño tenga oportunidades de hacer cosas por sí mismo en casa.

AUTOCONFIANZA Y AUTOESTIMA

El sentido de valía personal del niño se ve profundamente afectado por su seguridad en sí mismo y su autoestima. Para los niños que tienen un bajo sentido del yo, la jornada escolar puede estar constituida por experiencias periódicas que lo erosionen aún más.

Un niño seguro de sí mismo y con autoestima está deseando probar cosas nuevas, puede ofrecerse a desempeñar un papel de dirección en la asamblea de la clase y tiene la capacidad de desarrollar y mantener buenas relaciones tanto con los adultos como con los niños. Es capaz de expresar sentimientos de entusiasmo y miedo con igual seguridad en sí mismo. Ha aprendido a confiar en los adultos para que cuiden de él y lo apoyen y, en consecuencia, tiene la capacidad de comportarse de ese modo con otras personas. Puede creer que es esencialmente bueno y agradable y es capaz de sentir a otras personas del mismo modo.

Sin embargo, las experiencias de algunos niños los han llevado a tener un sentido de sí mismos muy diferente. Experimentan el mundo como un lugar aterrador e inseguro en el que es mejor no probar cosas, por si fallan o cometen algún error. Han descubierto que algunos adultos son imprevisibles y que las cosas cambian con frecuencia, por lo que no pueden fiarse de nada. Han aprendido que hay que temer a los sentimientos y guardárselos para sí porque pueden abrumarlos y hacer que las cosas sean aún más aterradoras.

Un niño con baja autoestima que carezca de seguridad en sí mismo puede mostrarse inseguro en la escuela. Hallará excusas para no probar cosas nuevas y puede resultarle difícil expresar y controlar sus sentimientos. Puede creer que es esencialmente malo y que otras personas son mejores que él.

Estrategia del educador:

La caja de los deseos

La maestra tiene una caja de deseos sobre su mesa que están escritos por los niños, o por los maestros de la escuela; por ejemplo, desearte un feliz recreo.

Al principio de cada jornada, un niño diferente escoge uno; siga la lista de clase para asegurarse de que cada niño tenga un turno. El niño devuelve el deseo a la maestra al final de la jornada y, cuando la caja se vacíe, se devuelven a la caja y se reutilizan.

Estrategias para desarrollar la seguridad en sí mismo y la autoestima

- Dé oportunidades de elegir, siempre que sea posible, durante la jornada, con independencia de lo pequeños que sean; por ejemplo, escribir con un bolígrafo o con un lápiz, de manera que sientan que tienen voz y que sus opiniones son importantes.
- Destaque aspectos positivos de quiénes son y cómo se comportan; por ejemplo: "Eres realmente bueno cuando me sostienes la puerta abierta".
- Reconózcales sus logros por pequeños que sean y elógielos por ellos.
- Preséntele un vocabulario emocional; por ejemplo: "Podemos sentirnos orgullosos cuando hacemos algo bien".

En la escuela puede haber también niños que parezcan demasiado seguros de sí y exijan que los escojan para todo; parecen conocer todas las respuestas y se presentan como personas de por sí felices. Sin embargo, esto puede ser el resultado de la necesidad de controlar las situaciones que los rodean con el fin de sentirse seguros. Esta conducta se observa en niños que han experimentado violencia doméstica o han tenido otras experiencias traumáticas y tratan desesperadamente de alcanzar una sensación de seguridad y estabilidad en sus vidas. Pueden comportarse enfrentándose al personal de la escuela, desafiándolos y tratando de que cometan errores o hagan mal las cosas. Esto puede deberse a su necesidad de poner a prueba a los adultos con el fin de confirmar sus reacciones a los acontecimientos; por ejemplo: "La señorita Brogan parece siempre muy tranquila, pero apuesto que puedo hacer que se enfade si la presiono lo suficiente".

Este niño puede haber aprendido a sentirse superresponsable de los adultos presentes en su vida y necesita comprobar si todos los adultos son imprevisibles. Aunque hacer frente a esta conducta pueda ser a veces problemático, conviene examinar lo que pueda estar ocurriéndole al niño y lo que pueda estar sintiendo. Al personal de la escuela puede resultarle difícil aceptar que los niños controladores y problemáticos puedan sentirse, en realidad, asustados y vulnerables. No obstante, si los niños sienten que el personal de la escuela es incapaz de controlarlos, pueden sentirse más asustados y cabe que esto mismo reafirme los sentimientos negativos que ya tienen sobre sí mismos.

Estrategias para los niños que parecen excesivamente seguros de sí mismos

- Sea previsible siempre que se pueda.
- Prepárelos de antemano para cualesquier cambio que se pueda producir y para desarrollar su capacidad de confiar en que los adultos quieren decir lo que de hecho dicen.
- Reconozca y exprese reacciones emocionales a las cosas; por ejemplo: "Estar en una aula diferente puede hacernos sentir ansiosos porque no estamos acostumbrados a ello". Esto puede animarlos a empezar a manifestar sus propios sentimientos en situaciones en las que se encuentren incómodos.

AUTOIMAGEN

Los niños que tienen una autoimagen positiva son capaces de compartir su alegría por su aspecto de un modo sano, por ejemplo, mostrando sus zapatos nuevos o su corte de pelo. Este es un aspecto importante del aprendizaje de los niños para ser felices en cualquier situación. Junto con la seguridad en sí mismos y la autoestima, la autoimagen desempeña un papel importante en la aceptación de sí. No obstante, para algunos niños, esto puede ser una preocupación y anular cualquier sentido de la persona que es cada cual. El niño puede tener la sensación de que su persona queda definida por su aspecto y por lo que lleve puesto en vez de por las cualidades y atributos que tenga. Esto hay que abordarlo con sensibilidad, centrándose en las características personales del niño.

Un niño que tenga una mala autoimagen puede rebajarse criticando su aspecto y haciendo comentarios como: "odio mi pelo". Esto puede poner de manifiesto un sentido más profundo de autoaversión y hay que vigilarlo muy de cerca. También puede tener una falta de conciencia corporal y desinterés por su aspecto. Esto puede ser relevante si el niño se ha sentido abandonado, y cabe que no sea consciente de que su ropa o su cuerpo está sucio. Estos niños pueden ser particularmente vulnerables al acoso de otros niños, especialmente cuando empiezan a ser más conscientes de las apariencias a medida que se hacen mayores. El equilibrio entre los dos extremos es emocionalmente sano, cuando un niño es feliz ensuciándose él y su ropa jugando en el exterior, pero también es feliz lavándose las manos al volver al aula.

Estrategias para promover una autoimagen positiva

- Vigile a los niños que eviten actividades desordenadas y a los que no les guste ensuciarse y anímelos a participar facilitándoles delantales y reconociendo sus ansiedades; por ejemplo: "Parece que te da reparo tocar la arcilla, ¿te ayudaría si separo un trozo para ti?".
- Asegúrese de que los niños tienen un equilibrio sano entre centrarse en su apariencia y sus cualidades.
- Comparta comentarios positivos acerca del aspecto de los niños cuando sea relevante y adecuado, sin avergonzarlos ni excluir a otros niños.

CONFIANZA EN SÍ MISMO

Los niños que tienen una autoimagen positiva y mucha confianza en sí mismos son capaces de compartir sus sueños y aspiraciones y tienen un sentido de determinación y perseverancia que los motiva para hacer las cosas bien. Son capaces de comprometerse a lograr sus objetivos y trabajar para alcanzarlos; por ejemplo, ser capitán del equipo de fútbol o elegido para el consejo escolar. Estos niños parecen tener un deseo de hacer bien las cosas y están intrínsecamente motivados para hacerlo. Esta confianza en sí mismos se desarrolla inicialmente mediante mecanismos externos, como el apoyo, el estímulo y las recompensas de los padres. Sin embargo, con el tiempo, puede crearlos y generarlos el mismo sujeto garantizando su desarrollo y crecimiento.

Las escuelas pueden desempeñar un papel crucial apoyando a los niños que tienen poca o ninguna confianza en sí mismos. Aunque este proceso sea inicialmente lento, es alcanzable y puede suponer un cambio fundamental en la vida de los niños.

El desarrollo de la confianza en sí mismo comienza inicialmente dentro de la familia y, para un niño que viva con críticas, hostilidad y rechazo, es una tarea enorme modificar lo que ha aprendido y experimentado. El sentido de valía personal del niño puede activarse infundiéndole la idea de que merece experimentar cosas buenas en su vida; esto es difícil, pero crucial, para los niños que han experimentado rechazo o que piensan de sí mismos que no son lo bastante buenos. El trabajo del personal de la escuela para lograr esto es inmenso pero el objetivo es conseguible.

Estrategias para desarrollar la confianza en sí mismo

- Identifique atributos que aprecie en los niños y compártalo con ellos; por ejemplo: "Me he dado cuenta de que te centras cuando estamos en el tiempo de debate; creo que sabes escuchar muy bien".
- Reconozca los esfuerzos y los intentos de los niños para lograr cosas; por ejemplo: "Te has esforzado para hacer toda la tarea de matemáticas hoy; has trabajado muy bien".
- Introduzca un vocabulario motivador durante la jornada; por ejemplo: "Vi que estabas muy decidido cuando corriste la carrera hoy".

RESPONSABILIDAD PERSONAL Y AUTOCONCIENCIA

Para que un niño sea capaz de modificar su conducta, es necesario que tenga cierta comprensión de la responsabilidad personal y de la autoconciencia. La combinación de ambas permite que el niño entienda conceptos importantes como las diferencias de opinión y la aceptación de otras personas. La capacidad de aceptarse a sí mismo y sus propios puntos fuertes y áreas en las que trabajar permite a los niños desarrollar esa misma aceptación de otras personas. Esto está íntimamente ligado a la autorregulación, la seguridad en sí mismo y la confianza en sí mismo, que son ingredientes necesarios de la autoconciencia y la responsabilidad personal. Una actividad del programa de trabajo en grupo, que se centra en reconocer las diferencias, permite que los niños vean el valor de que las personas sean diferentes y se centra en la vertiente positiva de ello. En algunas familias, la diferencia puede considerarse como algo negativo, cuando en realidad facilita una forma diferente de ver las cosas.

Si el niño tiene cierta comprensión de la responsabilidad personal, será capaz de reconocer cuándo comete errores y aceptar la responsabilidad de las elecciones que haya hecho. Tendrá un sentido suficientemente fuerte de sí mismo para aceptar que hacer mal las cosas es una parte importante del aprendizaje y para seguir adelante a partir de ahí. Será consciente de que su conducta tiene un impacto en otras personas y será capaz de reconocer cuándo puede ser adecuado cambiarla en beneficio de otras personas.

Estrategia del educador:

Dos vertientes en cada historia

Dé a dos niños una escena para que la representen ante el resto de la clase. Pida al resto de los niños que escriban lo que acaban de ver y después pida a cada persona que lea su versión a la clase. ¿Cuántas versiones son iguales o al menos semejantes?

Utilice esta actividad para comentar lo fácil que es encontrarse con versiones diferentes del mismo acontecimiento. Pida a los niños que compartan sus experiencias de esta realidad y comenten cómo se sienten.

Cuando los niños no han tenido evidencia de esta experiencia en su familia, puede resultarles muy difícil comprenderla. Los conceptos de paciencia, aceptación y sinceridad pueden ser difíciles de entender e implementar si esta experiencia no la han vivido fuera de la escuela. Conviene dedicar tiempo a explicar a los niños estas ideas y su significado, en vez de dar por supuesto que ya las entienden.

El concepto de paciencia puede relacionarse con la desconfianza cuando tener que esperar un resultado puede ser una experiencia aterradora. Para algunos niños, esta experiencia puede ser demasiado dolorosa si, por ejemplo, su papá se ha marchado de casa de repente una noche y desde entonces no lo ha visto ni oído y nadie le explica lo que está ocurriendo ni si volverá a verlo y cuándo. Los sentimientos que rodean esta experiencia pueden reactivarse siempre que el niño tenga que esperar mucho tiempo o ser paciente. Si los adultos de su familia se echan la culpa unos a otros y a otras personas cuando las cosas van mal o niegan tener la culpa de nada porque "las cosas simplemente ocurren", puede ser muy complicado para los niños entender la idea de que las acciones tienen consecuencias y que las personas tienen la responsabilidad de las elecciones que hacen.

El papel de la escuela a la hora de dar oportunidades a los niños para que comprendan y saquen experiencias positivas de estas ideas es, pues, crucial. Los valores de toda la escuela pueden basarse en esto y estar ligados a la conducta y el sistema de recompensas.

Estrategias para desarrollar la responsabilidad personal y la autoconciencia

- Comente y celebre las singularidades y las diferencias entre los niños y el personal de la escuela de manera que los niños valoren esto como una experiencia positiva.

- Facilite oportunidades de examinar la sinceridad, la paciencia y la aceptación de manera que los niños entiendan estos conceptos; por ejemplo: "Veamos cuántas veces podemos ser pacientes hoy en el aula; quiero que me ayudéis a encontrar ejemplos de cuando hacemos esto".

- Identifique y elogie a los niños por sus elecciones personales, especialmente si son diferentes de las de otros niños; por ejemplo: "Veo que eres el único que ha utilizado la pintura rosa, Leo; muy bien por elegir lo que querías".

RESILIENCIA

El desarrollo de la resiliencia puede considerarse como uno de los ingredientes más vitales de la salud y el bienestar emocionales. La capacidad de afrontar situaciones y recuperarse tras la adversidad es de primordial importancia para todos los niños, pero especialmente para los que viven con incertidumbre y perturbaciones fuera de la escuela. Para el niño cuya vida está marcada por la crítica y la ridiculización o que vive en situaciones dramáticas o caóticas, es necesario un sentido de resiliencia para afrontar esa experiencia. La capacidad de una persona para desarrollarla y mantenerla cuenta con el apoyo de la influencia de otras personas que son capaces de animarla y de creer en ella.

Para desarrollar la resiliencia, el niño tiene que experimentar cierta frustración que le permita fortalecer su capacidad de resolver problemas y de aprender. El personal de la escuela puede apoyar esta experiencia resistiéndose al deseo de ayudar en exceso al niño. Aunque los niños no siempre sean capaces de tolerar la frustración, la oportunidad de experimentar esto mientras reciben el apoyo de un adulto de confianza es vital.

La capacidad de practicar el coraje y de hacer frente a los temores puede contribuir también enormemente al desarrollo de la resiliencia. Un niño que haya tenido la experiencia de mostrarse valiente y haya visto validada esa experiencia por un adulto cariñoso es más capaz de reforzar estas destrezas. El niño resiliente es capaz de desarrollar estrategias en apoyo de sí mismo cuando se encuentra en situaciones difíciles y, en consecuencia, tiene su propio banco de recursos que utilizar cuando la vida se complica. Su experiencia de empleo de una estrategia que le ha resultado provechosa le permite utilizarla de nuevo cuando la necesite.

Estrategias para desarrollar la resiliencia

- Realice un mapa mental de estrategias para identificar lo que podemos hacer cuando la vida se complica; por ejemplo, en exámenes, en discusiones con los amigos, etc.

- Estimule a los niños para que hagan sus propias obras originales con materiales de arte. Intégrelas en situaciones especiales; por ejemplo: "Hoy puede ser un día difícil porque tenemos nuestros exámenes; si queréis, podéis ponerlas sobre el pupitre".

- Reconozca las situaciones en las que un niño ha afrontado un reto personal y coméntelas con él, examinando las destrezas que le parezca que ha utilizado; por ejemplo: "Hoy has demostrado una gran fortaleza cuando te marchaste, mientras Ryan estaba insultándote, y buscaste a un adulto para decírselo".

Es esencial que no solo consideremos cómo podemos desarrollar la resiliencia necesaria para la salud emocional de los niños, sino cuidarnos también de asegurarnos de que no la destruimos. Cuando el sentido del yo de un niño es frágil y se va desarrollando gradualmente mediante afirmaciones positivas de quién es y qué hace, tenemos que ser conscientes de lo fácil que puede ser desintegrar esto como resultado de comentarios, miradas, tonos de voz, etc. Aunque sea poco realista y poco sano esperar que los niños no se encuentren nunca con estas situaciones, conviene que el personal de la escuela refuerce su conciencia de ello y reflexione sobre cómo pueden recibir los niños su conducta.

En la escuela, se envía a los niños a jugar en el recreo con la idea de que saben qué hacer y cómo hacerlo. Algunos niños no tienen ni idea de por dónde empezar y vagabundean sin objetivo, permanecen en un rincón o tratan de conectar con otros niños y acaban en problemas o peleas. No tienen las destrezas o la experiencia de ser capaces de controlar las relaciones con otros. Las dificultades de relación pueden trasladarse del recreo al aula e interferir con el aprendizaje.

Para que los niños controlen la vida escolar y todos los altibajos que ella conlleva necesitan sentirse seguros de sí mismos y seguros en su mundo. La escuela les da la oportunidad de asumir riesgos, controlar la frustración, la ansiedad y la decepción, experiencias todas ellas terribles para los niños que carecen de resiliencia y no tienen experiencia positiva de ella.

DIFERENCIAS ENTRE EL HOGAR Y LA ESCUELA

La experiencia de formas erráticas o inconsistentes de tratar los padres a los hijos, en las que estos se encuentran con normas extremadamente rígidas o sin norma alguna, pueden hacer que la vida sea muy aterradora o insegura. Para estos niños, la capacidad de controlar lo más que pueden en la escuela, siendo manipuladores y controladores de otras personas, adultas incluidas, es una estrategia que han desarrollado para conseguir sentirse seguros en un mundo siempre cambiante e imprevisible. Porque un niño que va a casa el lunes con pintura en el jersey, y su mamá reacciona riéndose, y después, el martes, mamá reacciona chillando, puede llegar a interiorizar el mensaje: "Haga lo que haga, no puedo hacerlo bien". Para este niño, la vida puede ser completamente desesperante. Esto puede llevarlo a tener reacciones extremas a situaciones como, p. ej., sollozar y quedar desconsolado por un lápiz roto. Puede carecer de sentido de responsabilidad y culpar constantemente a otras personas. Su creencia fundamental sobre sí mismo es: "Soy una mala persona; no merezco que me quieran ni ser feliz". Carece de seguridad en sí mismo, tiene una baja autoestima y pocas destrezas sociales y puede considerarse como una persona sin valor y con intensos sentimientos de vergüenza. Puede crear activamente situaciones que traten de confirmar este sentido distorsionado de sí mismo. Puede negarse a participar cuando se pregunta: "¿qué sentido tiene?", y puede mostrarse desafiante, agresivo o perezoso en la escuela. Una relación estable con algún maestro puede hacer que se sienta apoyado y seguro.

En familias en las que se da demasiada o poca responsabilidad a los niños, no pueden nunca ser niños o nunca pueden crecer, respectivamente. Los niños a los que se les da demasiada responsabilidad, esperando quizá que cuiden de sus hermanos más pequeños, pueden presentarse como excesivamente responsables y mandones en la escuela. También pueden aparecer siempre pasivos y comportándose de un modo que demuestra que sus necesidades no son importantes; por ejemplo, dejando siempre que otros niños sean los primeros. A los niños sobreprotegidos y a los que nunca se les da ninguna responsabilidad puede resultarles difícil elegir porque pueden tener poca o ninguna conciencia de quiénes son y de lo que les gusta y no les gusta.

Tener una madre o un padre sobreprotector o demasiado poco protector puede ser dañino para el sentido del yo del niño y de su autoestima, además de para sentirse seguro y a salvo.

Cuando el niño que sufre una conducta parental intensamente crítica, que insiste en la perfección, que es provocadora, ridiculizadora, humillando al niño, avergonzándolo, menospreciándolo mediante insultos o ignorándolo, puede esperar que otros adultos respondan del mismo modo. En la escuela, estos niños pueden buscar constantemente pruebas para afirmar este sentido negativo de sí mismos como personas despreciables.

En familias en las que la forma aceptable de comunicarse es a través del enfado y/o la agresión, las normas y expectativas sociales de la escuela son muy difíciles de entender y de seguir para los niños. A los niños que viven en temor y agitación constantes puede resultarles difícil relajarse y disfrutar en la escuela porque están constantemente en estado de alerta ante los riesgos potenciales de otros niños, adultos o el entorno, sean reales o imaginados.

Este estado constante de hipervigilancia es muy estresante y los niños en estas situaciones pueden haber aprendido que no es seguro relajarse cuando necesitan estar constantemente alertas ante el peligro. Esto tiene un efecto nocivo sobre su atención y concentración, además de perjudicar su desarrollo social y emocional.

Si los niños crecen en familias en las que abundan las situaciones dramáticas, y mucho estrés y excitación en torno a ellas, pueden llevar esa experiencia a la escuela y estar siempre en medio de cada situación, contando relatos largos, dramáticos y a veces difíciles de seguir de la conducta de otras personas. Pueden exhibir conductas para "llamar la atención", como desafiar, suspirar, decir que están lastimados o indispuestos y desempeñando extraordinariamente bien el papel de víctimas y de "pobre de mí". Para estos niños, es muy difícil controlar la vida cotidiana de la escuela sin la descarga de adrenalina del drama y la excitación a la que están acostumbrados, y pueden tratar de crearla por su cuenta.

Los códigos escritos y no escritos de conducta esperada en la escuela pueden ser opuestos a las expectativas extraescolares de algunos niños, traduciéndose en confusión y desarrollo de mala conciencia.

Estudio de Caso

Jenny, de 10 años, miente constantemente, a veces roba a los otros niños y niega rotundamente su conducta aunque los maestros la encuentren con las manos en la masa.

Posibles razones de la conducta de Jenny:

- Ha aprendido a edad muy temprana que no era aceptable cometer errores y que era mejor mentir que decir la verdad.
- Si ella tiraba o derramaba algo en casa, la ridiculizaban y criticaban.
- Sus hermanos mayores quitan dinero de forma habitual del monedero de su mamá.
- Ha ido de compras con su mamá cuando ella ha robado comida del supermercado y ha aprendido que, si no tienes bastante dinero, es aceptable apropiarte de algo que no es tuyo.

Para que los niños se sientan a salvo, estables y seguros, ayuda que hayan tenido una experiencia de sentir esto mismo, junto con una relación segura y consistente con un adulto. Para algunos niños, la inconsistencia y la imprevisibilidad son la norma y están acostumbrados a ello. Pueden haber tenido experiencia de unos padres que, aunque estén físicamente presentes, están emocionalmente ausentes y preocupados por sus propias necesidades y, en consecuencia, desconocen las necesidades de su hijo o son incapaces de responder a ellas. Para estos niños, la escuela puede ser extraordinariamente desafiante, cuando son incapaces de ocultarse en las sombras y su conducta los pone en evidencia.

FACILITAR NUEVAS EXPERIENCIAS

Con el fin de cambiar la visión destructiva de sí mismos que tienen estos niños, necesitan muchas experiencias nuevas en las que los adultos sean capaces de afirmar sus esfuerzos y tareas, aunque no tengan éxito ni las hagan por completo, y que se les den alabanzas y estímulos significativos. Pueden estar preocupados con las relaciones con adultos en la escuela y puede costarles centrarse en tareas y escuchar instrucciones. Los programas de trabajo en grupo dan la oportunidad de estar en un grupo pequeño con un adulto conocido y coherente, al mismo tiempo y en el mismo lugar todas las semanas. Esta experiencia da a los niños la oportunidad de experimentar la consistencia y la previsibilidad. El foco emocional del grupo da a los niños la oportunidad de que se reconozcan y validen sus sentimientos en vez de quedar ignorados o despreciados.

Si los niños no son capaces de expresar sus sentimientos cuando se producen, la experiencia puede quedar en su cuerpo, provocando en ellos sentimientos de estrés, ansiedad y terror. La oportunidad de practicar la expresión de los sentimientos en las sesiones de trabajo en grupo incrementa su capacidad para continuar fuera de las sesiones.

Los programas de trabajo en grupo se han diseñado para desarrollar la salud y el bienestar emocional de los niños, además de facilitarles destrezas esenciales para la vida cotidiana, como muestra la tabla 1.1. Las orientaciones del facilitador que acompañan cada sesión se centran en identificar, reconocer y reflejar posibles sentimientos, además de reconocer posibles dificultades, y elogiar y estimular a los niños por su contribución. Este enfoque permite a los niños establecer vínculos entre sus sentimientos y conducta y experimentar con diferentes conductas en un entorno seguro y acogedor.

Los niños que son emocionalmente sanos tienen las destrezas y la capacidad de tolerar la frustración y la incertidumbre y tienen un fuerte sentido de sí mismos como individuos valiosos. Son capaces de relacionarse con otros con las destrezas y la confianza necesarias para construir y desarrollar unas relaciones positivas y tienen la capacidad de tratarse a sí mismos y tratar a los otros con valor y respeto. Tienen las destrezas y la resiliencia necesarias para afrontar los desengaños de la vida y son capaces de apreciar y disfrutar de los éxitos propios y de otras personas.

Tabla 1.1. *Cómo promueven la salud emocional los Programas de Trabajo en Grupo*

Experiencia en el grupo	Impacto potencial en el niño
Los niños son elogiados y estimulados	Construye la autoestima
Oportunidades de practicar y desarrollar nuevas destrezas	Desarrolla la independencia y la seguridad en sí mismo
Identifica las cualidades individuales de los niños	Promueve una autoimagen positiva
Se centra en respetar y examinar las diferencias	Enseña la aceptación del yo y de los otros
Identifica y reconoce los sentimientos	Incrementa el vocabulario emocional
Permite que se hagan mal las cosas y se cometan errores	Promueve la aceptación de sí mismo y construye la resiliencia
Celebra la individualidad	Desarrolla el sentido del yo
Identifica y reconoce el esfuerzo	Desarrolla el sentido del deber
Estimula el compromiso para terminar tareas	Promueve la responsabilidad personal y grupal
Estimula a los niños para que asuman riesgos	Desarrolla la fe en sí mismo

El Trabajo en Grupo da la oportunidad de que los niños practiquen y desarrollen estas destrezas que son transferibles, después de las sesiones de grupo, al resto de su vida escolar, haciendo que los efectos de las sesiones perduren.

2. Impacto de las circunstancias externas en la capacidad de aprender del niño y en su éxito en la escuela

Cuando los niños comienzan a ir a la escuela ya han recibido fuertes mensajes sobre sí mismos, sobre otras personas y sobre el mundo. El niño forma su propio concepto de sí mismo y de cómo lo perciben en la familia, y esto puede ser positivo o negativo. Se desarrolla pronto el *libro interno* de reglas del niño, junto con su plantilla de cómo construir y controlar relaciones. La familia ejemplifica formas de controlar los sentimientos que dan al niño experiencias que lleva a la escuela y utiliza en su vida cotidiana.

Todo esto ocurre dentro de la familia, que puede considerarse como la primera aula del niño. Cuanta más información se facilite al personal de la escuela sobre los antecedentes y experiencias del niño (manteniendo la necesaria confidencialidad), mejor equipado estará para responder a las necesidades del niño.

BIENESTAR FÍSICO

Hay algunos niños que tienen muchos obstáculos que pueden impedirles acceder al aprendizaje y desarrollar todo su potencial. Si las necesidades básicas del niño, de comida, vestido adecuado y sueño suficiente, no se satisfacen, estará en desventaja antes de entrar en la escuela para empezar su primera jornada (véase la tabla 2.1).

Tabla 2.1. *Obstáculos potenciales para el aprendizaje*

Situación	El niño está preocupado por	Impactos sobre el aprendizaje
Llevar sandalias en invierno	Sentir frío	Imposibilidad de concentrarse, escalofríos, se frota los pies
Quedarse dormido en el sofá hasta muy tarde por la noche	Sentirse cansado	Bostezos, no puede participar ni retener información, baja concentración, falta de coordinación, apático, letárgico, nervioso, carente de resiliencia, se molesta con facilidad
No desayunar o falta de otras comidas	Sentirse con hambre, pensar en la hora de comer y en comida	Ansioso por la hora, pendiente del reloj, obsesionado con la comida

¿Importan mis necesidades?

Todos los seres humanos tenemos necesidades emocionales básicas de amor, validación, reconocimiento y comprensión. Dentro de la familia, el niño recibe mensajes relativos a la importancia de sus necesidades y acumula experiencias de cómo se responde a ellas.

Si responde consistentemente a sus necesidades un adulto cariñoso y solícito, que trata de satisfacerlas con regularidad, el niño interioriza un sentido fuerte y positivo de sí mismo como una persona que merece la pena y cuyas necesidades son importantes.

Sin embargo, si un niño se ve ignorado con frecuencia o encuentra hostilidad y resistencia cuando expresa sus necesidades, aprende que no es importante o no merece atención y que sus necesidades no importan (véase la tabla 2.2). Un niño con esta experiencia puede concluir que las necesidades de otras personas son más importantes que las suyas, pondrá por delante a otras personas y tratará de satisfacer y satisfará sus necesidades.

Si el niño recibe mensajes como "No quieras, no necesites, no esperes, no digas mucho", es extraordinariamente difícil que tenga un sentido positivo de sí mismo como persona digna de atención.

Tabla 2.2. *Impacto de la conducta parental sobre el niño*

Conducta parental	El niño aprende
Mamá siempre está ocupada	No debo molestarla
Papá está a menudo fuera con sus amigos y no pasa tiempo conmigo	No intereso. No le gusto a papá
Con frecuencia, mamá me grita y se enfada	No debo pedir cosas ni dar una pataleta
Papá está siempre de mal humor y disgustado	Debo ser alegre y tratar de hacer feliz a papá
Ambos padres ignoran al niño	No soy importante ni digno de atención
Mamá critica al niño con regularidad	Soy una mala persona y odioso

Los niños que viven con estas experiencias pueden desarrollar estrategias de afrontamiento como forma de sobrevivir en el mundo. Estas pueden manifestarse en la escuela siendo controladores, mandones y manipuladores, además de tratar de agradar a otras personas.

Cuando un niño trata de controlar la clase y desafía con regularidad a los adultos, puede parecer que no tiene miedo y que es despreocupado, pero ha desarrollado esta conducta como forma de sentirse seguro en un mundo que a menudo siente muy inseguro. Puede utilizar esta estrategia de afrontamiento como forma de controlar sus sentimientos; por ejemplo: "Si hago como que no me preocupo, no me sentiré afectado o molesto".

Alex, de 8 años, hace a menudo comentarios que no vienen a cuento, en momentos inadecuados, durante la jornada escolar. Durante una clase de lectoescritura, levantó la mano para hacer una pregunta y dijo: "Señorita, ¿a los gatos les gusta dormir al lado del fuego?". La clase respondió con una carcajada y Alex se sintió lastimado y confuso. Sus padres se habían separado recientemente y él estaba preocupado por cuándo vería de nuevo a su papá, y la noche anterior había escuchado una discusión por teléfono, diciendo su mamá a su papá que no podía ver a Alex hasta que le diera algún dinero. Su pregunta aleatoria se debió a que estaba pensando en su papá y había recordado que al gato de su papá le gustaba dormir al lado del fuego.

Sugerí a su maestra que se ofreciera a pasar cinco minutos con Alex en la hora de la comida, en los que el niño pudiera compartir sus noticias, procurando que las dejara de lado durante el tiempo de clase. Esto permitió a Alex sentirse atendido en vez de despreciado y le ayudó a dedicarse de forma más completa a su aprendizaje durante las clases. También le comunicó a Alex el mensaje de que sus pensamientos y sentimientos eran importantes.

Todo es por mi culpa

Algunos niños se sienten indignos y excesivamente responsables de las cosas. Esto puede deberse a que se desenvuelven social y emocionalmente a un nivel de desarrollo muy inferior al de su edad cronológica. Pueden aprender que todo lo hacen mal, con independencia de lo que hagan y cómo lo hagan. Esto puede llevarlos a interiorizar la creencia de que todo es culpa suya y que hacen mal las cosas porque son malas personas. En consecuencia, pueden tener pensamientos como:

- "Soy tan malo que hago enfadar a mamá constantemente".
- "A mi maestra le dio dolor de garganta porque me gritó ayer".
- "Si me hubiese comido toda la comida, papá no habría pegado a mamá".
- "Si no hubiese perdido el abrigo, mamá no estaría llorando".

Estos niños viven con la contradicción de que pueden sentirse poderosos e impotentes. En la escuela pueden aparecer como hipervigilantes, dándose cuenta de todo y excesivamente preocupados por lo que esté ocurriendo a su alrededor como forma de tratar de controlar sus sentimientos de ansiedad y miedo.

Sistema interno de creencias

Los niños desarrollan un sistema interno de creencias sobre sí mismos por los mensajes que reciben de otras personas. Estos mensajes definen si son encantadores, valiosos y dignos de que se los escuche y de que pasen tiempo con ellos, y tienen una influencia significativa en la seguridad de los niños en sí mismos, su autoestima, su autoconfianza y el modo de sentirse consigo mismos (véase la tabla 2.3).

Tabla 2.3. *Desarrollo de un sistema interno positivo de creencias*

Conducta parental	El niño siente e interioriza el mensaje
Ayuda al niño con las tareas para casa	Soy digno de ayuda y me siento bien conmigo mismo
Asiste a la velada de los padres	Mamá se interesa por mí y por cómo lo estoy haciendo en la escuela
Elogia al niño	Soy buena persona y puedo hacer cosas útiles
Pregunta al niño cómo le ha ido el día	Cómo me siento es importante y merece la pena hacerlo saber
Ayuda al niño a controlar el conflicto con el hermano	Los adultos pueden ayudarme

AFRONTAR LAS CONTRADICCIONES

La familia es el lugar en el que los niños aprenden un código inicial de conducta con orientaciones, normas y expectativas de conducta. Este código de conducta puede estar en conflicto con las expectativas conductuales de la escuela, lo que lleva a que el niño tenga que desenvolverse con todo un nuevo conjunto de reglas. El dilema para el niño puede ser: "¿Agrado a mis padres o a la maestra?". Cualquiera de estas actitudes significa ir en contra o merecer la desaprobación de uno de los adultos significativos en la vida del niño. Esto es particularmente difícil para un niño que esté constantemente tratando de hacerlo bien y agradar a otras personas, porque quedará atrapado en un callejón sin salida.

El conflicto entre los diferentes códigos de conducta en casa y en la escuela puede causar particulares problemas después de las vacaciones escolares, en las que la familia habrá tenido una influencia mucho más fuerte sobre el niño debido a la cantidad de tiempo que han pasado con él. Cuantas más diferencias haya entre la casa y la escuela en cuanto a expectativas y conducta, más largo y más difícil será para el niño el período de ajuste al volver a la escuela.

Estrategia del educador:

Ayudar al niño a adaptarse a la vuelta a la escuela después de las vacaciones

Examine su gráfico de conducta con un adulto significativo tan pronto como pueda al volver a la escuela, asegurándose de que lo entienden.

Llévelo a dar una vuelta por la escuela para recordarle las expectativas conductuales de la escuela.

Esta estrategia puede ayudar al niño a hacer con más facilidad el ajuste al regresar a la escuela e incrementa la probabilidad de afrontar mejor la transición (véase la tabla 2.4).

Tabla 2.4. *Mensajes en conflicto entre la casa y la escuela*

Conducta del niño	Respuesta en casa	Respuesta en la escuela
Desafiar persistentemente a los adultos	El adulto da al niño lo que quiere	Se le riñe al niño y se le castiga durante el recreo
Tener una rabieta	El adulto lo ignora	El niño recibe una explicación acerca de cómo comportarse
Pega a otro niño	El adulto le pega	El niño recibe la consecuencia adecuada a su edad y su acción
Palabrotas	El adulto se ríe	Se pone el nombre del niño en la pizarra del aula
Trata de manipular y controlar al adulto	El adulto se rinde a las exigencias del niño	La maestra habla con el niño y le explica las expectativas de conducta en la escuela
Interrumpe a los adultos	El adulto habla en voz más alta o grita	Se riñe al niño y se le recuerdan las reglas de la escuela

Si en casa no hay reglas ni límites para la conducta del niño o estas son inconsistentes y cambiantes, dependiendo del talante de los padres en el momento, el niño aprenderá que la vida puede ser imprevisible y que los adultos pueden ser manipulados y controlados a veces. Para estos niños, el mundo puede ser un lugar muy confuso e inseguro, dado que el código de conducta de casa y el de la escuela son incompatibles. Si un niño ha aprendido en casa que, si desafía a los adultos, suplica para obtener algo y se enfada si no lo consigue, y los adultos ceden, probará este enfoque en la escuela, con un resultado muy diferente de su conducta.

El niño aprende

- Puedo contestar a los adultos.
- Puedo hacer lo que yo quiera cuando yo quiera.
- Puedo manipular a los adultos para hacer lo que yo quiera.
- Puedo chillar cuando quiera algo.
- Interrumpo a los adultos para hacerme oír.
- Puedo ignorar a los adultos cuando me dé la gana.

Si un niño prueba en la escuela una conducta que produce un resultado en casa y no consigue el resultado deseado, puede resultarle muy terrible y confuso. Los niños que utilizan conductas manipuladoras, desafiantes y controladoras en la escuela pueden haber aprendido a hacer esto como una forma de tratar de crearse su propia consistencia en un mundo inconsistente. El niño trata de reproducir una experiencia que le es familiar como forma de sentirse seguro. Por ejemplo, un niño que insiste incansablemente en que deben permitirle ir a Educación Física con los zapatos, en vez de sus zapatillas de deporte, puede haber aprendido que los adultos no solo acaban cediendo, sino también que "estoy acostumbrado a llevar la voz cantante y haré todo lo que pueda para asegurarme de que siga siendo así".

Los niños que carecen de reglas o cuya conducta no produce consecuencias en casa y tienen mucha libertad pueden sentir que la escuela es muy restrictiva. Estos niños pueden vivir en un estado constante de elevada ansiedad y puede resultarles difícil controlar incluso cambios muy pequeños en la escuela. Pueden oponerse constantemente a la autoridad y costarles aceptar los cambios imprevistos que se produzcan en la escuela; por ejemplo, molestarse mucho por no utilizar el pasillo para jugar y decir a la maestra: "Pero, dijo que íbamos a ir al pasillo". Es crucial que a los niños que experimentan estas dificultades se les facilite una sensación de previsibilidad y rutina y se les den tantas explicaciones como sea posible, con el fin de reducir su necesidad de probar y crear esto por su cuenta, y hacer que se sientan seguros y adaptados en la escuela.

Sin embargo, las familias que utilizan el castigo corporal en casa como forma de controlar la conducta de su hijo pueden sentir que la escuela es demasiado blanda y que esto tiene un impacto negativo sobre la conducta de su hijo en la escuela. Igualmente, la escuela puede tener la sensación de que el enfoque de los padres es demasiado duro. El resultado es la confusión y la ansiedad del niño que se ve atrapado entre los dos enfoques conflictivos.

Estrategia del educador:

La jornada de un niño

Facilite un horario visual diario al niño, con un cronograma de acontecimientos (escritos o en imágenes, dependiendo de las necesidades del niño). Incluya cambios de maestros y de aula, si procede. Revíselo con él al principio de cada jornada y verifique que lo ha entendido, animándolo a examinar aquello de lo que no esté seguro. Asegúrese de que el niño pueda acceder a él con facilidad durante todo el día.

Cuando un niño recibe atención por su conducta negativa, en vez de por la positiva, puede verse a sí mismo como negativo. Si el niño no obtiene una respuesta de un adulto en casa cuando muestra o dice algo positivo, puede reforzar el mensaje de que la "buena" conducta no obtiene respuesta pero la "mala" sí. Esto puede llevar a que el niño sienta que necesita exhibir una conducta negativa para hacerse notar y que los adultos le presten atención. Si solo reciben atención por su conducta negativa en casa, mientras que en la escuela reciben atención por su conducta positiva, puede que no comprendan por qué es diferente la reacción.

Un niño que se hace notar por su "mala" conducta en vez de por su "buena" conducta puede concluir que es malo y no bueno. Eso puede reforzar el mensaje de que no tiene nada bueno. La respuesta contradictoria que recibe en la escuela puede confundirlo aún más: "¿Soy malo o bueno? Papá cree que es divertido cuando digo tacos, pero a mi profesora le molesta mucho". Para las escuelas, puede ser una tarea ardua deshacer los mensajes precoces y externos que los niños reciben sobre sí mismos y, aunque puedan ser incapaces de conseguir el cambio en el mundo externo del niño, pueden cambiar su mundo interno dándoles una imagen diferente de sí mismos como buenas personas.

APRENDER A EQUIVOCARSE

Las respuestas que los niños absorben en casa cuando cometen errores pueden tener una influencia enorme en su vida escolar cotidiana. Puede influir en la capacidad de un niño de probar algo nuevo. Cuando un niño hace trampa en un examen, bien copiando de otro niño, bien cambiando una respuesta cuando se corrigen a sí mismos, esta conducta puede indicar un sentido muy frágil de sí mismo y no la presencia de un controlador manipulador, que es como se lo percibe. Un niño que ha aprendido que no es suficientemente seguro decir la verdad puede ser tan firme y tener tal pericia mintiendo que el maestro empiece a dudar. Para este niño, los sentimientos de vergüenza pueden ser abrumadores y tiene que evitarlos a toda costa, utilizando la mentira y la determinación para no ser descubierto.

> ### Estudio de Caso
>
> Kyra, de 9 años, procede de una familia en la que los adultos se mentían unos a otros, negaban sus propios comportamientos, culpando a otras personas y utilizando la agresión como forma de conseguir que otras personas hicieran lo que ellos quisieran. Kyra aprendió a una edad muy temprana que no estaba bien cometer errores. Un día tiró accidentalmente un vaso de zumo cuando tenía tres años, la pegaron y la mandaron a la cama sin su zumo. En la escuela le aterrorizaba hacer mal las cosas, pero había aprendido a ocultarse tras excusas y hacer como que no le preocupaba, como forma de hacer frente a los abrumadores sentimientos que tenía si hacía algo mal. Cuando rompió un lápiz con el que había estado tamborileando sobre un pupitre delante de su maestra, ella lo negó inmediatamente y empezó a discutir con la maestra. Era tan convincente en su justificación explicando que "ya estaba roto" que la maestra empezó a dudar de sí misma y de lo que había visto. Los otros niños de la clase, sin embargo, la habían visto hacerlo y esto tranquilizó a la maestra.

Para Kyra, afrontar las consecuencias de lo que había hecho con el lápiz era tan aterrador que estaba decidida a convencer a su maestra de que ella no lo había hecho. Había aprendido que no está bien cometer errores y, cuando lo hacía, ocurrían cosas terribles. Había aprendido también que no es seguro admitir lo que uno ha hecho y no se fiaba de que su maestra no tuviera una reacción extrema ante lo ocurrido.

Kyra necesita:

- Oportunidades para tener la experiencia de perder y hacer cosas mal con un adulto que pueda reconocer sus sentimientos, p. ej.: "puede parecer horrible cuando haces algo mal, pero, a veces, todo el mundo hace cosas mal";
- Adultos que reconozcan sus propios errores ante ella, p. ej.: "rompí los cordones de mis zapatos cuando me los estaba poniendo esta mañana, pero está bien, estas cosas ocurren y puedo comprar unos cordones nuevos";
- Validación de sus sentimientos, p. ej.: "puede ser realmente aterrador decir la verdad cuando no sabes lo que yo podría decir o hacer";
- Adultos que respondan de forma positiva y tranquilizadora a sus intentos de probar cosas nuevas, p. ej.: "Has sido muy valiente intentando leer un nuevo libro de lectura, que puede parecer algo complicado";
- Respuestas positivas a sus errores, p. ej.: "Has tratado con empeño de hacer estas sumas aunque eran muy difíciles para ti; está bien equivocarse; bien hecho lo de probar".

Cuando un niño se comporta de este modo, su conducta puede tener gran impacto sobre su aprendizaje y su capacidad de hacer y mantener amistades con otros niños. Si a un niño le asusta probar cosas por miedo a equivocarse, puede ser perturbador, despreocuparse y decir mentiras. También puede sabotear la situación; por ejemplo, siendo grosero y agresivo con la maestra la mañana de una excursión escolar de manera que no le permitan ir. El niño puede haber aprendido que los sentimientos de decepción son más fáciles de controlar que el miedo a nuevas experiencias. Los niños que sabotean cosas pueden creer que "a mí no pueden ocurrirme cosas buenas, no merezco que ocurran cosas agradables".

APRENDER A CONTROLAR LOS SENTIMIENTOS

Las reacciones a los sentimientos y cómo se reconocen y expresan en la familia facilitan a los niños un patrón que pueden replicar en la escuela. Como comentamos en el capítulo 1, la autorregulación y la capacidad de identificar y responder a los sentimientos se aprende en la infancia y se mantiene en la edad adulta. Los niños aprenden la autorregulación con un adulto que pueda ayudarlos a identificar, nombrar y expresar sus sentimientos. El niño aprende esto a una edad muy temprana, cuando el cerebro del bebé todavía está desarrollándose, es muy sensible e incapaz de regular su propio estrés y depende de sus cuidadores para que lo regulen por él.

La forma de responder los adultos a ese estrés puede mitigarlo y aliviarlo o exacerbarlo. Si se responde de manera que lo mitigue, el niño desarrolla gradualmente su propio sistema de control del estrés. Si recibe lo que necesita, se hace capaz de controlar el estrés más fácilmente por su cuenta. Sin embargo, si el adulto responde de un modo que aumenta el estrés, puede elevar los niveles de ansiedad e impedir que tenga lugar ese desarrollo. El niño que no recibe ayuda de un adulto en momentos de angustia y malestar no desarrolla su propio sistema regulador del estrés, a menos que otro adulto significativo asuma regularmente estas funciones parentales vitales con el niño. El personal de la escuela puede desempeñar un papel vital ayudando al niño para que aprenda a comprender y a expresar sus sentimientos y, en consecuencia, a desarrollar la autorregulación.

Si un niño no ha aprendido la autorregulación, esto puede tener un impacto enorme en su aprendizaje y en sus relaciones en la escuela. Puede implicarse en discusiones y peleas con otros niños y ser incapaz de aceptar o afrontar los sentimientos evocados por esto. También puede afectar a sus sentimientos. Su incapacidad de autorregulación puede afectar a sus amistades con otros niños y a sus relaciones con los maestros. También puede resultarle más difícil participar en actividades extracurriculares, como el club de deportes debido a sus dificultades para afrontar la competición y el fracaso.

La forma de responder los adultos de la familia del niño y de demostrar el control de sus propios sentimientos influye en el modo de aprender el niño a hacer esto y en los mensajes que reciba acerca de lo aceptable que sea. Esto puede entrar en conflicto con la escuela y los mensajes que reciba allí. Por ejemplo, ¿cómo expresan los padres del niño su enfado y su frustración? (véase la tabla 2.5).

Tabla 2.5. *Expresión de los sentimientos en la familia*

Situación	Sentimiento	Expresión parental
La oficina de correos está cerrada	Enfado	Golpea la pared exterior de la oficina.
No puede abrir un tarro	Frustración	Lo arroja contra el suelo.
Tiene una discusión con un amigo	Tristeza	Se emborracha.
Llega tarde a una cita	Ansiedad	Grita y chilla al conductor del autobús.

Todas las situaciones anteriores son aterradoras para los niños, que pueden aprender que no es bueno tener sentimientos y que deben evitarse. Cuando los niños expresan sus sentimientos de maneras que contradicen las normas de conducta en casa, esto puede llevar a que tengan la experiencia de sentirse humillados, avergonzados y ridiculizados. Por ejemplo, un niño de 10 años que llora puede experimentar bromas pesadas de miembros de la familia e interiorizar mensajes convincentes acerca de esto, como: "Tengo que ser fuerte y no mostrar mis sentimientos; llorar es un signo de debilidad y de fracaso". Cuando los niños aprenden a controlar sus sentimientos y a no expresarlos, puede resultarles muy difícil cambiar esta conducta. Pueden desarrollar una actitud de "despreocupación" con respecto al aprendizaje, las amistades y la escuela que puede ser una respuesta aprendida a evitar tener que afrontar los sentimientos.

En la familia, los niños presencian reacciones a los acontecimientos cotidianos, y esto puede afectar a sus respuestas al drama y a la excitación. Si un niño experimenta excitación, drama y atención de los acontecimientos cotidianos que implican relaciones y conflictos, aprende que el drama es importante y esto es cómo conseguir una respuesta de los adultos que lo rodean. Pueden empezar recreando esto en la escuela pues es algo familiar y ansiar la adrenalina y la excitación que pueden desencadenar los acontecimientos dramáticos.

Por ejemplo, un niño puede volver al aula después del recreo con una larga y complicada historia que implique a muchas personas y acontecimientos. La maestra puede no reaccionar del modo esperado por el niño, por lo que no obtendrá la respuesta que estaba buscando. Entonces, el niño puede proceder a crear más drama siendo perturbador e interrumpiendo la lección para atraer la atención que está deseando. Puede implicarse exageradamente en lo que estén haciendo otras personas y hacer comentarios sobre ello. Puede resultarle difícil ajustarse a los hechos de los acontecimientos y no añadir cosas de su invención que crea que pueden acabar atrayendo hacia sí más atención.

Estudio de Caso

Tara, de 9 años, procedía de una familia grande y destacada en su comunidad local. Sus padres mantenían contactos regulares con vecinos, familias de la localidad y otros padres de alumnos de la escuela. Hacían frecuentes visitas a la escuela en las que cuestionaban a los maestros y exigían reunirse de inmediato con el director. Casi siempre después de las horas de comida, Tara tenía una historia que quería compartir urgentemente con su maestra. Siempre implicaba a varias personas, incluyendo a los coordinadores de la hora de la comida y una serie de acontecimientos que a veces eran difíciles de seguir. A menudo, la maestra se asombraba de la cantidad de cosas que podían ocurrir en una sola hora de comida.

Tara necesita:

- Oportunidades para desarrollar la seguridad en sí misma y sentirse bien consigo misma sin necesidad de crear dramas.
- Una tarea especial que pueda hacerle sentirse valorada y que le permita aportar algo a la clase, como cuidar del rincón de los libros.
- Un adulto que pase tiempo con ella, ayudándola a entender otras formas de controlar los conflictos y de construir relaciones.

LA RELACIÓN DE LOS PADRES CON SU HIJO

Los padres suelen aportar sus propias experiencias escolares y su actitud hacia la educación y hacia la escuela. Es esencial que los educadores sean conscientes de ello y del impacto potencial que pueden tener sobre la capacidad de los padres para comprometerse plenamente con el aprendizaje de los niños y apoyarlo. Si los padres de un niño tienen experiencias negativas de su infancia, de la escuela y de los maestros, les hará falta mucho coraje para traspasar siquiera las puertas de la escuela y no digamos para hablar con los maestros o tratar con el director.

Si los padres de un niño evitan consistentemente entrar en la escuela, puede ser útil examinar las posibles razones de ello y ofrecerles momentos alternativos para hablar con ellos, si es posible. Puede haber numerosas razones de ello; por ejemplo, pueden sentirse agobiados por los otros padres, sobre todo si les parecen chillones y mandones.

Algunos padres pueden creer que la escuela es una pérdida de tiempo y que los niños no aprenden nada. Pueden creer que el profesorado de la escuela es demasiado estricto o demasiado blando. Pueden mantener a sus hijos fuera de la escuela, no levantarlos por la mañana, por lo que los niños llegan tarde, disuadirlos de hacer las tareas para casa, negarse a pagar las excursiones de la escuela y no enviar nunca al niño con su ropa para Educación Física. Comprometer a estos padres con la escuela y con el aprendizaje de sus hijos es más difícil y requieren el apoyo adicional del tutor o de otra persona.

Estudio de Caso

Emma era la madre de tres niños y su época escolar había sido muy difícil, pues ella era extraordinariamente tímida y otras niñas la habían acosado durante muchos años. Su experiencia del profesorado era que sólo se interesaba por los alumnos brillantes y animados y, después de hacer acopio de valor para decirle a un maestro que la estaban acosando, la despachó por hacerle perder el tiempo. Emma empezó a faltar a clase regularmente y dejó de ir a la escuela al cumplir dieciséis años. Había abandonado los estudios sin ningún título y quería que sus hijos fuesen bien en la escuela. Desconfiaba de todos los maestros y parecía agresiva y volátil a veces. Entraba bruscamente, gritaba a los niños para apresurarlos y después los sacaba del edificio de la escuela. Los maestros pensaban que era grosera y que no se interesaba por la educación de sus hijos, y les asombraba que todos los niños llevasen sus tareas al día y sus registros de lectura fuesen firmados cada noche.

Un indicador útil para captar la relación de los padres con la escuela y con su hijo es cómo se encuentran y se saludan al principio y al final de la jornada escolar. ¿El niño y sus hermanos van a la escuela solos, llegan a veces demasiado tarde o demasiado pronto? ¿O los trae su mamá o su papá, que los besa y les desea un buen día? Este inicio de la jornada escolar puede influir enormemente en la capacidad del niño para sentirse cómodo en clase y para participar en su aprendizaje. ¿Cómo los saluda el padre o la madre, si los recoge al final del día? ¿Los acoge o los recibe con el ceño fruncido y con reprimendas como "qué es eso que llevas en el jersey"? Si el niño enseña al padre o a la madre una nota o dibujo que haya hecho, ¿el padre o la madre le responde o simplemente lo coge mientras habla con otro padre o madre o continúa su conversación por el teléfono móvil? Todas estas respuestas transmiten a los niños mensajes acerca de si se los quiere, se los valora y de si son importantes.

Si el padre o la madre se muestra crítico con su hijo y lo juzga, el niño aprende: "No soy suficientemente bueno; no puedo hacerlo bien; no está bien ser yo, y debo de tener algo malo". Todo esto puede tener un fuerte impacto en su autoestima y en su valoración de sí mismo y, con el tiempo, puede ir erosionando su sentido del yo.

Si un niño siente que no es querido y no puede serlo a consecuencia de los mensajes que recibe, puede buscar gratificaciones externas en la comida, el acoso a otros y en ser exigente y dependiente de los maestros como forma de controlar sus sentimientos. Esto puede tener un impacto significativo en la conducta del niño (véase la tabla 2.6).

Tabla 2.6. *Desarrollo del sistema interno de creencias*

Sentimientos del niño	El niño aprende	El niño cree
No soy bastante bueno	Soy despreciable	Trata de hacer felices a otras personas
No puedo hacerlo bien	Tengo que esforzarme más	Trata de ser perfecto
No está bien cometer errores	Tengo que ser perfecto	Es mandón, manipulador, controlador
No es bueno que sea yo	Tengo que ser diferente / otra persona	Pone siempre por delante de las suyas las necesidades de otras personas

PRESIONES QUE SUFREN LOS PADRES

Las dificultades externas a las que pueden estar enfrentándose a diario algunas familias pueden hacer que no sean capaces de satisfacer las necesidades emocionales de sus hijos por mucho que quieran. El impacto de situaciones como la violencia doméstica, la pobreza, la falta de trabajo, la pérdida de seres queridos, la vivienda precaria y la dependencia de las drogas o del alcohol pueden llevar a que la madre o el padre esté estresado, ansioso y preocupado por sus propios problemas. Esto puede significar que no esté física y/o emocionalmente disponible para el hijo y que pueda resultarle difícil ocuparse de las necesidades emocionales del niño. Cuando la madre está estresada o el padre está en esa situación puede que no tenga capacidad para comprender o los sentimientos del niño, pues es fácil que esté demasiado abrumado por los suyos. La madre o el padre puede querer ser capaz de hacer esto por su hijo, pero sus propias dificultades prácticas y emocionales pueden ser obstáculos para que pueda hacerlo. Por desgracia, cuando los niños están viviendo en circunstancias como esta, pueden responder a la ansiedad y el estrés haciéndose más inseguros y ansiosos, creando más estrés para la madre o el padre.

La oportunidad dada por esta escuela permitió a Margaret percatarse de que tenía algo que ofrecer y de que era capaz de aportar algo y recibir atención de forma positiva. También le permitió utilizar sus habilidades como madre para encontrar trabajo.

El impacto sobre los niños

Cuando un niño vive en una situación estresante, como la de violencia doméstica, su hogar puede convertirse en un lugar terrorífico e imprevisible, en vez de ser como un paraíso de seguridad. El impacto significativo sobre los niños que implica vivir en estas circunstancias y la enormidad del problema puede ser difícil de comprender. Un niño puede estar preocupado por lo que está ocurriendo en casa y ser incapaz de dedicarse a su aprendizaje. Puede tener dificultades para retener información y dar la sensación de que está en su mundo mucho tiempo.

Si los niños viven con miedo, eso puede afectar a su capacidad de escuchar instrucciones; por ejemplo, un niño que va a su cajón y se levanta mirando a las nubes porque es incapaz de recordar lo que tenía que hacer. Algunos niños pueden simular que se encuentran mal para que haya que mandarlos a casa, con el fin de tratar de comprobar lo que pasa o de estar en casa para detener lo que esté ocurriendo. Un niño puede olvidar a propósito su equipación de Educación Física a fin de que la escuela llame a la madre para que se la traiga como forma de asegurarse de que ella esté a salvo.

Algunos niños pueden tener asociaciones negativas de las horas de comer porque en ellas es cuando se produce la violencia. Pueden haber aprendido a aceptar sentir hambre cuando las horas de comer en casa se ven a menudo perturbadas por peleas y violencia. Un niño que haya experimentado la violencia doméstica puede también mantenerse muy alerta porque haya aprendido que estar alerta es una forma de tratar de estar seguro.

A algunos niños que conviven con la violencia doméstica puede resultarles muy difícil hacer amigos y manejar sus relaciones, debido a la confusión acerca de lo que sea una conducta aceptable o inaceptable. Pueden quedarse callados y ausentes o hablar muy alto y mostrarse nerviosos con baja concentración. Pueden sentirse enfadados, confusos, ansiosos, inseguros y asustados. Esto puede hacer que tengan pesadillas, se sientan más cansados de lo habitual debido a un sueño inquieto o a falta de sueño.

Los niños que crecen en una familia en la que haya violencia doméstica pueden aprender lecciones influyentes acerca del uso del control, la intimidación y la fuerza en las relaciones. Pueden aprender que la agresión forma parte de la vida cotidiana y que es aceptable gritar y pegar a otras personas. Esto puede resultarles confuso y difícil cuando están en la escuela, donde esta conducta no se considera aceptable. Pueden tratar de apaciguar al profesorado cuando hayan aprendido a tratar de agradar a otras personas como forma de intentar controlar la situación. Los niños que conviven con la violencia doméstica pueden no experimentar las relaciones positivas que se ejemplifiquen porque uno de sus padres puede ser el controlador agresor y el otro, la víctima aterrorizada. Esto puede hacer difícil que, de forma consistente, los padres estén física o emocionalmente disponibles para el niño, traduciéndose esto en que la familia sea un lugar muy aterrador a veces.

RESPONSABILIDAD

Algunos niños pueden tener responsabilidades con respecto a hermanos más pequeños, a ellos mismos y a sus padres, porque los adultos de la familia son incapaces de cumplir este papel asistencial.

Un niño puede asumir un papel de cuidador de sus hermanos más pequeños, lo que puede implicar prepararlos para ir a la escuela, hacer el desayuno, llevarlos a la escuela y traerlos de ella y asumir un papel parental en la familia. Por ejemplo, un niño de 7 años que va en su bicicleta a la tienda de la esquina a las 7:30 de la mañana a comprar el pan para que todos los niños puedan tener su tostada antes de ir a la escuela.

Los niños pueden estar implicados en las preocupaciones financieras de la familia y ser conscientes de los problemas de dinero que, a su vez, se convierten en sus problemas. Por ejemplo, un niño de 8 años me dijo: "No tenemos dinero hasta el jueves, así que hoy solo tendremos tostada para nuestro té". Este conocimiento de las preocupaciones económicas de su familia le creaba una ansiedad enorme y a menudo estaba preocupado (posiblemente con hambre) y ansioso por agradar a otras personas y, por tanto, era incapaz de centrarse plenamente en su aprendizaje.

Múltiples transiciones

Para la mayoría de los niños, controlar la vida escolar cotidiana con sus retos y cambios relacionados con el traslado a una nueva aula al final de cada curso escolar ya es bastante. Hay algunos niños que, además de esto, cambian de escuela con frecuencia por una multitud de razones, incluyendo el cambio de casa de los padres, bien por elección suya bien por necesidad, al tener que ser realojados. Para estos niños, las dificultades de afrontar la vida escolar cotidiana se complican. Pueden haber tenido que alejarse de otros miembros de la familia y de la comunidad a la que estaban acostumbrados y comenzar de nuevo. Yo he trabajado con una niña que había pasado de una escuela a otra, volviendo después a la primera y cambiando de nuevo más tarde, todo en el espacio de menos de dos años. Para esta niña, su capacidad de adaptarse a la escuela, controlar la rutina diaria y entablar y mantener amistades se hizo imposible. Vivía con elevados niveles de ansiedad y estaba asustada y confusa.

Cuando los niños viven con esta incertidumbre y falta de consistencia y seguridad, puede ser difícil que la escuela sea la base segura que tiene que ser. Los variados enfoques que tienen las distintas escuelas pueden llevar a que el niño se sienta abrumado, incapaz de aprender y quedándose más atrás a cada cambio de escuela. Esto puede influir en su seguridad en sí mismo y en su auto-estima junto con su capacidad de entablar y mantener amistades. Esto puede conducir a que sean más vulnerables al acoso o más proclives a convertirse ellos mismos en acosadores, como forma de sentirse más poderosos en respuesta a una situación que a menudo los hace indefensos. Ellos mismos pueden situarse al margen de la vida escolar al no estar seguros de cuánto tiempo estarán en una escuela y, en consecuencia, pueden oponerse a los esfuerzos del personal de la escuela para ayudarlos a adaptarse. Esto se discute con más detalle en el capítulo 5.

Estrategia del educador:

Para ayudar a adaptarse a un niño

Designe a una persona clave que se encargue de cualquier niño nuevo para ayudarlo a adaptarse a la clase y a la escuela. Haga para él un libro de bienvenida, con fotos de él por la escuela con situaciones que él mismo escoja. Déjele elegir tantas como sea posible y permítale que entable relaciones poco a poco con adultos y maestros, en su momento y a su propio ritmo.

LA COMUNIDAD EN LA QUE VIVEN LOS NIÑOS

Igual que puede haber diferencias entre el código de conducta de casa y el de la escuela, la comunidad en la que viven los niños puede reforzar esas diferencias (véase la figura 2.1). Puede haber jerarquías de poder entre familias y esta experiencia puede llevar a que las personas vivan con temor. Por ejemplo, un adulto al que asuste informar de la violencia doméstica de sus vecinos que oye todas las noches por temor a represalias.

Puede haber un código moral diferente con el que los niños conviven que puede estar en conflicto con el de la escuela; por ejemplo, un niño al que se pide en la escuela que no mienta, que no haga trampas o que no robe, pero sabe que su mamá mete pañales en el fondo de la sillita de bebé y sale de la tienda sin pagarlos. Este niño puede tener un conflicto acerca de lo que está bien y lo que está mal y puede estar confuso acerca de cómo actuar bien. ¿Es bueno robar comida si tienes hambre o sustraer pañales si no tienes dinero?

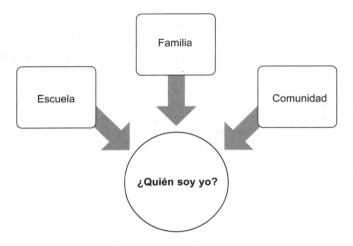

Figura 2.1. *¿Quién soy yo?*

Las escuelas se enfrentan a la enorme tarea de tratar de cambiar algunas conductas que fomenta y valida la comunidad en algunas áreas. La forma de conseguir y reconocer el estatus y el poder en algunas comunidades puede ser muy diferente de la experiencia cuyo desarrollo tratan de estimular las escuelas en los niños. ¿Es bueno ser inteligente o hay que portarse mal para llamar la atención? Es una tarea compleja probar y comprender el impacto que esto puede tener en los niños en relación con quiénes son y las expectativas y código de conducta de la comunidad frente a la escuela.

Existen también diferentes presiones de género sobre las niñas y sobre los niños y estas pueden estar en conflicto con quién es el niño o la niña y las virtudes y capacidades que la escuela trata activamente de estimular en él o en ella. Por ejemplo, la familia o la comunidad puede desanimar al chico que destaca cantando o bailando para que no continúe por esos derroteros. El niño puede verse atrapado en el conflicto de tratar de ganarse la aprobación de tres áreas externas.

Algunas escuelas desempeñan su actividad en comunidades en las que puede haber tres o más generaciones de la misma familia que vivan allí y que nunca hayan trabajado. Es posible que los niños de la familia no hayan conocido nunca a un miembro de su familia que haya trabajado. Esto puede estar en contraste directo con los mensajes de la escuela acerca del trabajo duro; ¿cómo estimulamos a los niños para que interioricen este mensaje sin decir que la escuela tiene razón y su familia está en el error?

Puede ser muy difícil desarrollar aspiraciones, determinación y motivación para lograr el éxito, junto con un sentido de finalidad y tener objetivos para niños que solo hayan experimentado lo contrario fuera de la escuela. Puede ser difícil inspirar a los niños para que sean lo mejor que puedan y exploten todo su potencial cuando choquen de un modo tan fuerte con los mensajes de su familia y de su comunidad. Tenemos la responsabilidad de ayudar a generaciones de familias a romper este círculo vicioso.

3. ¿Qué trata de decirnos un niño a través de su conducta?

Todos los niños quieren ser vistos, conocidos, valorados y comprendidos, pero, por desgracia, para algunos, su conducta puede llevarlos a obtener lo contrario de lo que necesitan. Si un niño molesta, se pelea, se muestra poco cooperativo y desafía al profesorado, o si está tratando constantemente de complacer a otras personas, es obvio que trata de comunicar algo a los adultos que están a su alrededor. La mayoría de los adultos utilizan el lenguaje para expresar sus necesidades y cómo se sienten a otras personas.

La mayoría de los niños, sin embargo, no tienen las mismas destrezas lingüísticas que los adultos y utilizan la conducta para comunicar sus sentimientos. Necesitan el auxilio de adultos sensibles para que los ayuden a descubrir y comunicar lo que sienten. Cada comportamiento trata de decirnos algo: por ejemplo, un berrinche puede comunicar miedo, frustración, aburrimiento o enojo. Un niño que sea perturbador y retador frente al profesorado puede estar asegurándose de llamar la atención para que no se olviden de él y lo pasen por alto. A los adultos toca averiguar y entender lo que el niño pueda estar tratando de decirles y responder después en consecuencia.

CÓMO SE COMUNICAN LOS ADULTOS Y LOS NIÑOS

Propongo la siguiente reflexión: Comparando estos dos escenarios

• *Escenario 1*

Usted es maestra y ha tenido una discusión con su pareja antes de salir a trabajar, lo que la ha llevado a llegar tarde y sin preparar a la escuela.

- ¿Le será fácil adaptarse a trabajo y desempeñarlo bien?
- ¿Qué estaría pensando y sintiendo?
- ¿Qué podría hacer al respecto?
- ¿Cómo podría comunicar sus sentimientos y conseguir apoyo?

• *Escenario 2*

Usted tiene 7 años y ha tenido una discusión con su mamá antes de salir hacia la escuela esta mañana, lo que ha ocasionado que llegue tarde a la escuela y sin hacer la tarea para casa.

- ¿Le será fácil adaptarse a la clase y dedicarse a aprender?
- ¿Qué estaría pensando y sintiendo?
- ¿Qué podría hacer al respecto?
- ¿Cómo podría comunicar sus sentimientos y conseguir apoyo?

A veces, los adultos podemos olvidarnos de que tenemos el beneficio de la experiencia, destrezas lingüísticas desarrolladas y la capacidad de articular nuestros pensamientos y sentimientos si optamos por ello. Somos capaces de racionalizar experiencias y de saber que sobreviviremos a ellas. Tenemos estrategias para resolver situaciones difíciles y el beneficio de experiencias de la vida para saber que, normalmente, las cosas pasan y la vida no nos desafía por siempre. Podemos optar por hablar con otras personas y obtener apoyo cuando lo necesitemos. ¿Son difíciles estas cosas para un niño de 7 años? ¿Puede sorprendernos que comunique sus sentimientos y su necesidad de apoyo a través de su conducta?

Como adultos, cuanta más comprensión podamos tener de lo que un niño pueda estar tratando de comunicarnos a través de su comportamiento, mayor será la probabilidad de que el niño sea comprendido y sea capaz de dar sentido a sus pensamientos y sentimientos y más compasión puedan brindarle los adultos. A menudo, los niños están muy solos con pensamientos y sentimientos abrumadores y esta puede ser una experiencia solitaria y aterradora.

Los niños comunican una gama de sentimientos diferentes a través de su conducta y pueden expresarse de formas muy diferentes; por ejemplo, si un niño está asustado, puede esconderse debajo de la mesa o simular que no está preocupado (véase la tabla 3.1).

Tabla 3.1. *Para comprender la conducta*

Conducta	Posible sentimiento
Esconderse debajo de la mesa	Asustado
Seguir al adulto por la escuela	Aislado
Arrojar objetos	Enojado
Pegar a alguien	Frustrado
Juguetear con algo	Ansioso
Desafiar a un adulto	Aterrorizado
Criticar a otro niño	Celoso
Decir que no le importa algo	Avergonzado
Morder su ropa	Preocupado
Copiar el trabajo de otro niño	Sentido de fracaso

DIÁLOGO INTERNO DEL NIÑO

Algunos niños han aprendido a responder de forma defensiva como mecanismo de afrontamiento para controlar los sentimientos de ansiedad y miedo que las situaciones suscitan en ellos. El niño puede presentar como sentimiento lo contrario de este, por ejemplo, no mostrar susto ni preocupación, pero puede haber aprendido a hacer esto como forma de no sentir dolor. "Si simulo que no estoy preocupado, no puedo hacerme daño ni sentir miedo". Para este niño, el dolor silencioso de sentirse no querido o no amado puede llevar a que se sienta aislado, confuso, asustado y solo. Puede sentir que todo lo que ocurre es por su culpa y tener un diálogo interno que plantee: "¿Soy una mala persona? ¿No merezco que me quieran? ¿Por qué lo hago todo mal continuamente? ¿Por qué no puedo hacer algo bien?". Cuando el niño tiene este sistema interno de creencias y está convencido de que no merece nada bueno, puede llegar a extremos para demostrarlo.

No es sorprendente que la combinación de sus sentimientos de baja autovaloración junto con un diálogo interno negativo lleve a una conducta desafiante y perturbadora cuando el niño trata de enterrar sus sentimientos y silenciar su voz interior. También puede tratar activamente de sabotear situaciones para recrear los sentimientos y experiencias que le resultan familiares.

Los niños que tienen un diálogo interior negativo pueden creer que no gustan a los adultos cuando estos les riñen. A estos niños les puede resultar difícil mantener pensamientos positivos sobre sí mismos pues carecen de una visión interior de sí mismos como buenas personas. El profesorado puede desempeñar un papel esencial para ayudarlos a reescribir sus guiones internos como diálogos positivos. Por ejemplo: "Si la Sra. Hawkins piensa que soy una buena persona, quizá lo sea". Es crucial que nos centremos en los aspectos positivos de estos niños, con independencia de lo difícil que pueda ser implementarlo y mantenerlo.

Estrategia del educador:

Animar a los niños a que reflexionen sobre su conducta

Entregue a los niños una hoja de reflexión para dibujar e escribir sobre una situación y hágales las preguntas siguientes:

- ¿Qué he hecho?
- ¿Cómo me siento?
- ¿Qué puedo hacer si esto ocurre de nuevo?
- ¿Con quién puedo hablar?

CÓMO RESPONDER A LA CONDUCTA DE LOS NIÑOS

Los niños no quieren comentarios negativos ni atención por la conducta desafiante, pero algunos niños pueden haber aprendido que alguna atención es mejor que ninguna y, en consecuencia, pueden suscitar reacciones negativas de los adultos. Por ejemplo, un niño que grita constantemente en clase puede estar emitiendo esta conducta para asegurarse de que llama la atención. Es una forma garantizada de asegurarse de recibir atención y de que lo recuerden. Esto puede hablarnos de las experiencias del niño fuera de la escuela: ¿por qué necesita asegurarse de que llama la atención y se le recuerda en la escuela? ¿Tiene una experiencia diferente en casa? Cuando los niños son felices y están adaptados no necesitan asegurarse de que los adultos los tienen en cuenta y los recuerdan; que hagan esto es un indicio de que necesitan ayuda y apoyo adicionales.

A algunos niños puede resultarles difícil tolerar estos sentimientos y esto puede llevarlos a tratar de deshacerse de ellos en vez de aceptarlos y tratar de entenderlos y procesarlos. Por ejemplo, un niño que es incapaz de controlar el sentimiento de enojo puede pegar a otro niño o tirar algo como forma de deshacerse de ese sentimiento. Los niños necesitan ayuda y apoyo de los adultos para aceptar que es natural tener sentimientos y que se los puede ayudar a entender cómo reconocerlos y expresarlos. Puede ser útil integrar mensajes positivos sobre los sentimientos durante la jornada escolar, como: "Todos los sentimientos son útiles porque nos dicen que algo no está bien". Esto valida sus experiencias y normaliza cómo se sientan los niños.

La actividad siguiente puede integrarse en la jornada escolar y desarrollarse con toda la clase para ayudar a los niños a tranquilizarse después del recreo o de la hora de la comida o cuando estén ansiosos o intranquilos. Puede ocupar 5 minutos, pero cabe que sea más larga o más corta para ajustarse al tiempo del que se disponga. Si los niños se ríen o hacen el tonto pueden estar mostrando que se sienten incómodos y se los puede ayudar a reconocer esto diciendo: "Esto puede parecer un poco raro al principio, pero vamos a practicarlo, porque creo que nos ayudará a sentirnos más relajados". Si esta conducta continúa, estarán mostrándole que necesitan más ayuda con esto, por lo que podrían practicarlo en un grupo más pequeño con un adulto.

Estrategia del educador:

Una actividad básica para ayudar a los niños a sentirse tranquilos

Pida a cada niño que busque un espacio al lado de su mesa o en la alfombra y se ponga de pie con los pies ligeramente separados. Pueden tener los ojos abiertos o cerrados. Pídales que se centren en los pies, prestando atención a cómo sienten cada dedo y guíelos en este quehacer: ¿cómo sientes el pie izquierdo?, céntrate en el dedo meñique, después en el dedo que está a su lado, etc. Ahora céntrate en tu rodilla izquierda, observa cómo se siente; después, tu rodilla derecha, ahora tu estómago, el brazo izquierdo, cada dedo, el hombro izquierdo, el hombro derecho, el cuello, la oreja izquierda, la oreja derecha. Pida a los niños que observen cómo se siente cada parte del cuerpo después de que la nombre usted.

Utilice una voz tranquila y suave durante toda la actividad.

Finalice la actividad pidiéndoles que hagan un estiramiento muy suave con ambos brazos y que sonrían.

Para los maestros puede ser un reto enorme trascender la conducta y tratar de comprender lo que el niño pueda estar sintiendo. Puede ser fácil juzgar a los niños por su conducta como demuestran los comentarios siguientes:

• Solo busca llamar la atención.
• Está siendo manipuladora.
• No para de hablar.
• Es una niña muy buena.
• Es muy servicial.
• Es muy inmadura.
• No habla nunca.
• No escucha nunca.

Sin embargo, si los adultos son capaces de satisfacer la necesidad de atención y de recuerdo de un niño de un modo positivo y comprensivo, pueden reducir o incluso detener la conducta. Por ejemplo: "Sé que te resulta realmente difícil no gritar, por lo que voy a ayudarte en esto y darte algo que te ayude a practicar".

Estrategia del educador:

Aprender a esperar

Si un niño no hace más que gritar en clase, ofrézcale ayuda a este respecto dándole un reloj de arena. Pídale que le dé la vuelta y observe la arena hasta que se haya vaciado y espere antes de hablar.

Reconozca sus esfuerzos y recompénsele por ellos y por sus logros.

Esta actividad da al niño algo en lo que centrarse y puede ayudar a reducir su ansiedad; además, puede satisfacer su necesidad de llamar la atención al tener una conexión con el adulto a través del reloj de arena, junto con el reconocimiento de sus esfuerzos y logros. Después de un tiempo, el niño puede aprender y empezar a confiar en que es capaz de conseguir ayuda de un adulto con sus sentimientos y ser recordado sin tener que reclamarlo al profesorado.

¿QUÉ TRATAN DE COMUNICAR LOS NIÑOS?

Cuando los niños nos muestran sus sentimientos a través de su conducta, es importante que no solo tratemos de comprender lo que estén sintiendo y tratando de comunicarnos, sino también que les facilitemos un vocabulario emocional para ayudarlos a hablar sobre sus experiencias. Por ejemplo, cuando un niño dice que no quiere hacer algo, puede estar diciéndonos que está asustado. ¿Cuántas veces decidimos los adultos que no queremos hacer algo cuando la verdadera razón es que estamos asustados? Puede ser útil responder diciendo: "Sé que estás diciendo que no quieres hacer eso, pero a veces puede dar un poco de miedo probar cosas nuevas". Aunque el niño pueda negar rotundamente que tenga miedo, sigue siendo muy útil presentar tentativamente la idea de que esto puede contribuir a veces a nuestra resistencia.

Si un niño pone voz de bebé para pedir algo o hablarnos puede estar diciéndonos que se siente pequeño y vulnerable. Cuando un niño se mueve nervioso, se mece en su silla, toquetea cosas o se retuerce en la alfombra, está de nuevo diciéndonos algo. Puede que nos esté diciendo que se siente preocupado, ansioso o estresado. Una respuesta como: "Veo que te está resultando difícil estarte quieto en este momento", puede ser suficiente para ayudar al niño a relajarse al comunicarle que usted se ha dado cuenta del hecho sin reñirle.

Estrategia del educador:

Hallar el sentimiento

Para ayudar a los niños a identificar cómo se sienten, el uso de un tablero de sentimientos a intervalos regulares durante la jornada puede ayudarlos. Pídales que dibujen una cara bajo la palabra en cada recuadro para mostrar el sentimiento y péguele una flecha con una chincheta en el medio del cuadrado. Pida al niño que mueva la flecha hacia el sentimiento relevante.

Feliz	Triste
Enfadado	Asustado

Esto puede ayudar al niño a conectar con sus sentimientos con más facilidad y permitirle que experimente como aceptables todos sus sentimientos.

Ayudar a los niños a reconectar

Los niños que viven en familias ruidosas y caóticas pueden desconectarse y estar en su propio mundo como un modo de encontrar cierta paz interior. En la escuela puede parecer que no escuchan y que están alejados y sin interés. Si un niño ha desarrollado esta conducta como estrategia de afrontamiento con el fin de hacer más fácil vivir con el caos, tenemos que ser comprensivos con esto y asegurarnos de que nos acercamos a él con sensibilidad. Por ejemplo, unos recordatorios suaves como un golpecito en el brazo puede ayudarlo a reconectar con el momento presente.

La conciencia creciente del profesorado de las posibles razones que subyacen a la conducta del niño puede garantizar que ofrezcan el apoyo adecuado a la situación. Por ejemplo, si un niño dice periódicamente que no se encuentra bien, puede ser indicio de estrés o ansiedad. A los niños puede resultarles difícil diferenciar entre el dolor físico y el emocional; solo saben que no se encuentran bien. Expresiones como "enfermo de miedo" son realistas para niños que no tienen el vocabulario o la comprensión emocional para separar la incomodidad física de la emocional (véase la tabla 3.2).

Tabla 3.2. *Relaciones entre el bienestar físico y el emocional*

Sensación física	Posible razón emocional
Dolor de cabeza	Preocupado
Mareo	Miedo
Dolor de estómago	Ansiedad

Los niños pueden crear sus propios ritos que muestran en la escuela para sentirse seguros, como ir al servicio a una hora concreta del día o tener que sentarse en la misma silla. Esta conducta puede indicar ansiedad y miedo y solo se aliviará cuando el niño se sienta más seguro. Siempre que sea posible, salvo que influya en otro niño, ayudará al primero que esta conducta sea aceptada y se preste atención a ayudarle a que se sienta arraigado y seguro, en vez de tratar de cambiar su conducta.

Estrategia del educador:

Una mascota especial

Ofrezca al niño un objeto, como una figurita o animalito, para que lo cuide durante el día y lo guarde en su cajón por la noche. Esto puede ayudar al niño a sentirse más arraigado y seguro en la escuela. Anímelo para que le ponga un nombre, si lo desea, para darle un sentido de propiedad.

El objeto también puede ofrecerse a niños que estén adaptados y contentos en la escuela pero estén afrontando un cambio de circunstancias en casa, como una mudanza o la llegada de un nuevo bebé. El confort adicional ofrecido por el objeto puede ayudarlos a adaptarse al cambio con más facilidad y a controlar sus sentimientos de miedo y ansiedad.

EL CICLO DE LA INCOMPRENSIÓN

····Estudio de Caso····

Clara, de 9 años, siempre se abría paso al frente del mostrador del comedor, golpeando a otros niños y haciéndoles daño. Esto llevaba a que la riñeran, le instaran a que pidiera perdón y pasara las horas de las comidas sola, pues los otros niños la evitaban. La conducta de Clara le llevaba a que no viera satisfecha ninguna de sus necesidades, pues tenía que ir al final de la fila y esperar aún más para comer. Ella se sentía sola y triste, pues los otros niños rehusaban jugar con ella. Clara se decía a sí misma que era una mala persona porque la maestra la regañaba y, en consecuencia, asumía que no le gustaba a la maestra.

Posibles razones de la conducta de Clara:

- Nunca desayunaba en casa porque el ambiente familiar era caótico.
- Le daba pánico que no hubiera comida para ella si no se ponía la primera de la fila.
- La abrumaba tanto el hambre que no tenía conciencia de los demás niños.
- No era capaz de decir que tenía verdadera hambre y le aterrorizaba tener que irse a casa sin comer.

¿Cuántas veces vemos en las escuelas escenas como esta, en las que los niños tratan de mostrarnos lo que necesitan o cómo se sienten y son mal entendidos y obtienen lo contrario de lo que necesitan? El ciclo de la incomprensión muestra un escenario demasiado habitual en las escuelas (véase la figura 3.1).

El niño se siente asustado y ansioso

El niño se muestra desafiante y perturbador

Ciclo de la incomprensión

El adulto riñe y castiga al niño

Figura 3.1. *El ciclo de incomprensión*

Sin embargo, como ya hemos comentado, para algunos niños, el contraste entre las expectativas conductuales de casa y de la escuela es enorme. Hay un conflicto entre la conducta aceptable en la escuela y la conducta aceptable en casa. Las normas de conducta y de moralidad que se desarrollan en casa pueden ser polos opuestos con respecto a lo que se requiere en la escuela y muchos niños lo pasan mal con esto, solo para acabar con un sentido de alienación cuando lo hacen mal una vez más.

Los niños aprenden a desarrollar sus propias estrategias de afrontamiento para controlar su ansiedad y esto puede manifestarse de diferentes maneras, desde mostrarse perturbadores y agresivos hasta permanecer ausentes y cerrarse en banda. Para los maestros puede ser todo un reto tratar de descubrir cuáles son las posibles razones de la conducta del niño, así como tratar de descubrir cuál es la mejor manera de abordarla. A menudo, la conducta del niño es un resultado que incrementa la ansiedad en vez de reducirla. Puede ser útil considerar cuándo el niño está emocionalmente ansioso más que evolutivamente ansioso, pues esto puede ayudar a comprender parte de su conducta, que puede ser más adecuada para un niño de menor edad (véase la tabla 3.3).

Tabla 3.3. *¿Qué nos dice la conducta?*

Conducta	Lo que el niño ha aprendido
Payaso de la clase	Tengo que llamar la atención de la gente y hacerlos reír y utilizar el humor para gustarles.
Mandón	Necesito controlar todo, como personas, objetos y tareas, con el fin de sentirme seguro.
Perfeccionista	Necesito hacer las cosas bien; no está bien cometer errores y necesito hacer las cosas de un modo determinado para sentirme seguro.
Acosador	Necesito hacer que otras personas se sientan mal para que yo me sienta mejor porque creo que soy una mala persona.
Desentendido	Estar ensimismado y en mi propio mundo es algo conocido y el lugar más seguro para estar.
Inquieto	Juguetear con cosas me ayuda a sentirme seguro y me siento asustado y ansioso cuando no puedo hacerlo.

Los ejemplos anteriores presentan posibles razones por las que los niños hayan aprendido determinadas conductas como estrategias de afrontamiento para hacer frente a sus sentimientos. Si un niño necesita tener un objeto para jugar o trae un objeto de casa, eso permite al profesorado alcanzar una mayor comprensión de cómo se siente el niño. Los niños que traen objetos de casa pueden estar diciéndonos que necesitan ayuda para sentirse seguros en la escuela. Si un niño fuese capaz de poner en palabras estos sentimientos, sería más fácil para los adultos empatizar y apoyarlos.

Carlos, de 10 años, tenía frecuentes berrinches en clase si no podía hacer lo que quería. Rompía lápices y dañaba otros materiales, atacando verbalmente a otros niños y destruyendo su propio trabajo. Después de los berrinches, se sentaba con la cabeza entre las manos y sollozaba.

Posibles razones de la conducta de Carlos:

- Había presenciado episodios de violencia doméstica entre sus padres durante los siete primeros años de su vida, provocando que su comportamiento fuera de una edad emocionalmente inferior.
- Se sentía asustado e inseguro si no tenía el control.
- Había aprendido a utilizar el control y el acoso como forma de mantener a raya su ansiedad.
- Se sentía tan horrible que saboteaba su propio trabajo.

Se invitó a la maestra de Carlos a que reflexionara sobre las posibles razones subyacentes a la conducta, manteniendo unos límites claros y firmes con él: "Veo que estás sintiéndote realmente molesto, pareces furioso, pero no está bien hacer daño a otras personas. Tenemos que encontrar otra forma de que tengas tus sentimientos y no hagas daño a nadie". Esta respuesta transmite un mensaje claro a Carlos que es importante. La maestra está validando y no despreciando sus sentimientos y le está ofreciendo apoyo para expresarlos, rompiendo así el ciclo de la incomprensión (véase la figura 3.2).

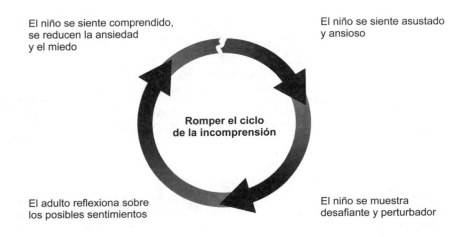

El niño se siente comprendido, se reducen la ansiedad y el miedo

El niño se siente asustado y ansioso

Romper el ciclo de la incomprensión

El adulto reflexiona sobre los posibles sentimientos

El niño se muestra desafiante y perturbador

Figura 3.2. *Romper el ciclo de la incomprensión*

UTILIZAR EL LENGUAJE REFLEXIVO

En este capítulo y en el resto del libro incluyo ejemplos de formas de uso del lenguaje reflexivo. El lenguaje reflexivo transmite al niño que usted lo está viendo, tratando de comprenderlo y reconociendo los sentimientos que pueda estar experimentando. Permite a los adultos explorar tentativamente la experiencia del niño sin hacer juicios o suposiciones sobre ella. El uso del lenguaje reflexivo comunica claramente al niño: "Te veo, te oigo, trato de comprenderte", y le permite sentirse visto, escuchado, valorado y comprendido. Para algunos niños, esta puede ser una experiencia relativamente nueva y puede llevar a un aumento de la autovaloración y de la autoestima.

Reflexión: ¿Cómo podría responder?

Teresa, de 10 años, se mostraba a menudo reacia a cambiarse de ropa para asistir a la clase de Educación Física, siempre llegaba tarde en la fila y era reacia a participar en ninguna de las actividades.

Piense cómo podría utilizar el lenguaje reflexivo para examinar cuidadosamente cómo se siente.

El lenguaje reflexivo es un concepto central del Programa de Trabajo en Grupo y es clave para su éxito. Al utilizar esto con los niños, los adultos les están transmitiendo un mensaje positivo: "Merece la pena pensar en ti y tratar de comprenderte. Estoy tratando de ayudarte a descubrir cómo te sientes y ayudarte a comprender y manejar tus sentimientos". Es muy beneficioso utilizar el lenguaje reflexivo en vez de reñir siempre a los niños o decirles qué hacer, porque reconoce y valida los sentimientos y experiencias del niño.

Estudio de Caso

Jaime, de 9 años, quería sentarse siempre en el mismo sitio, al lado de la profesora de apoyo que estaba como facilitadora del grupo de autoestima. Se esforzaba por sentarse tranquilo y estaba inquieto y tamborileaba con el dedo al principio de cada sesión, hasta que sabía qué estaban haciendo esa semana; entonces era capaz de relajarse y centrarse en la tarea.

Posibles razones de la conducta de Jaime:

- Su casa era imprevisible, sin estructura ni rutinas.
- Había cambiado de escuela tres veces.
- Su maestra estaba de baja de larga duración.
- No era capaz de decir que se sentía asustado y ansioso cuando no sabía qué iba a ocurrir a continuación.

Se invitó a la profesora de apoyo para que, en vez de reñirle, reflexionara sobre su conducta: "Veo que te resulta verdaderamente difícil sentarte tranquilo y relajado hasta que sabes qué vamos a hacer". Esta reflexión transmitió a Jaime el mensaje de que merecía la pena pensar en él.

Niños a los que les resulta difícil manifestar sus sentimientos

Esto puede ocurrir cuando los niños han aprendido a interiorizar sus sentimientos, en vez de exteriorizarlos. Para estos niños puede ser más difícil salir adelante en la escuela y entablar amistades. Pueden parecer callados y tímidos o indiferentes y resultarles difícil expresar emociones. Su expresión facial puede permanecer inmutable durante todo el día, mientras los hechos y circunstancias a su alrededor cambian; por ejemplo, un niño que no muestre remordimiento cuando haya hecho daño a otro y parezca no comprender los sentimientos de otras personas. Para un niño, puede ser muy difícil comprender los sentimientos de otras personas si comprenden poco o nada los suyos.

Un niño al que le resulte difícil manifestar sus sentimientos puede haber aprendido también a enterrar su dolor físico junto con su incomodidad emocional. Puede haber aprendido que, con independencia del daño que algo haga, no es seguro hacer una protesta o pedir ayuda. Por ejemplo, un niño que se cae en el patio y tiene un gran rasguño en el brazo, que está sangrando, pero sigue jugando y no parece darse cuenta.

Niños que se sienten inseguros

Para que los niños tengan éxito en la escuela, necesitan sentirse física y emocionalmente seguros. Aunque esto es esencial para cualquier niño, si experimenta su mundo fuera de la escuela como algo inseguro, puede estar buscando activamente pruebas de que en la escuela ocurre lo mismo. Puede mostrarse en la escuela como un niño que está deseando agradar y que trata constantemente de descubrir qué hacer y qué decir para hacer las cosas bien y agradar a otras personas.

En clase, puede destacar por su atención pues a menudo puede estar observando todo lo que ocurra. Puede ser la última persona que cumpla una instrucción porque esté esperando que todos los demás lo hagan primero para asegurarse de que lo hace bien y de que el adulto ha querido decir lo que ha dicho.

Por ejemplo, se pide a los alumnos de la clase que abran su taquilla, abran el libro de lectura, vayan a la página 27 y empiecen a leer. El niño que se siente inseguro puede quedarse de pie al lado de su taquilla, mirando a todos los demás, mientras el resto de sus compañeros están absortos en la lectura. El niño necesita apoyo en esto y no es lento o difícil adrede. Está comunicando su necesidad de comprobar las cosas todo el tiempo y un recordatorio amable de lo que tiene que hacer puede ayudarle con respecto a su ansiedad en la situación. Por ejemplo: "Veo que estás al lado de tu taquilla, Juan, y que te aseguras de que todo esté bien; recuerda que tienes que coger tu libro y volver a tu sitio, después iré y te ayudaré a encontrar la página".

Este tipo de conducta puede ser común también en niños que estén tan asustados y ansiosos que sean incapaces de retener mucha información en su cabeza. El niño puede dar la sensación de que está en su mundo, sin escuchar y sin interesarse. Puede tener su propio diálogo interno lleno de ansiedad, marcado quizá por numerosos escenarios aterradores de "y si".

Las experiencias de vida para los niños que muestran esta conducta pueden haber estado llenas de escenarios reales aterradores, por lo que su experiencia del mundo le dice que siempre están ocurriendo cosas horribles. Usted puede entrever las ansiedades del niño, especialmente en torno a períodos de cambio. Por ejemplo, en el día de la excursión escolar, pregunta qué ocurrirá si el autocar no se presenta o si el zoo está cerrado. Esta instantánea de su mundo interior puede ayudarnos a comprender lo inseguro que se siente y a entender su experiencia de cosas buenas que van mal. Hay que abordarlo con paciencia, apoyo, comprensión y consuelo para ayudarlo a contener algunos de sus sentimientos.

Niños que exhiben una conducta controladora

Las razones por las que un niño puede exhibir una conducta controladora son muchas y variadas. Un niño que acosa a otros niños puede estar acosado, dominado y controlado en casa. Puede estar contemplando conductas fuera de la escuela que le muestran cómo controlar y manipular a otras personas. Por ejemplo, un niño que tiene unos padres controladores que no le permiten tomar ninguna decisión o hacer ninguna elección ni tener control alguno sobre ningún aspecto de su vida puede exhibir también esa conducta en la escuela. Un niño que acosa a otros niños necesita ayuda para encontrar otras formas de sentirse poderoso y bien consigo mismo. Es útil explorar cómo puede sentirse el niño consigo mismo, pues el niño con confianza en sí mismo y autoestima, que se siente bien consigo mismo, no necesita ni quiere acosar a otros niños.

Los niños que muestran conductas controladoras hacia otros niños, como tratar de volver contra ellos a otros niños o de manipularlos para hacer lo que aquellos quieran, necesitan la oportunidad de experimentar el éxito de formas más positivas. Los niños traen consigo a la escuela sus propias experiencias de éxito y fracaso, equidad y justicia y, dependiendo de cómo concuerden estas con la experiencia escolar, influyen en su conducta.

Cuando un niño experimenta conflicto entre la experiencia de casa y de la escuela, puede resultarle muy difícil gestionar las diferencias. Si un niño está retando constantemente al profesorado, es un indicio de que necesita ayuda para construir y mantener relaciones.

Estrategia del educador:

Libro de los logros

Divida la lista de la clase entre cinco días de la semana y diga a los niños que va a pedirles que compartan algo que hayan conseguido o tratado de hacer en el día que tengan asignado. Al final del día, antes de que los alumnos se vayan, pida a los 5 o 6 niños seleccionados que lo cuenten al resto de la clase y pida al resto de la clase que aplauda.

Indíqueles que lo escriban en su libro de logros y cada niño tendrá aproximadamente 38 logros al terminar el curso.

Niños que tienen dificultades de comunicación

Cuando a un niño le resulta difícil comunicarse, necesita apoyo adicional para articular sus necesidades. Si un niño tiene el inglés como segunda lengua o es un mudo selectivo, es esencial que se le den las herramientas para ayudarle a expresar sus pensamientos, necesidades y sentimientos. Desde la perspectiva del niño, la vida escolar puede ser aterradora y confusa y estos sentimientos pueden manifestarse en su conducta. Si el niño opta por no hablar en la escuela, es importante trabajar para ayudarlo a reducir su ansiedad en vez de centrarse en cómo hacerle hablar.

Para ayudar a un niño que opta por no hablar en la escuela ofrézcale un cuaderno para escribir o dibujar si quiere comunicarse con usted; esto puede resultarle menos intimidatorio que las conversaciones cara a cara. También anímelo a escoger una tarea que hacer en clase con otro niño para ayudarle así a entablar relaciones con otros niños.

Niños que necesitan ayuda para controlar sus sentimientos

Cuando los niños tienen rabietas y están furiosos, sus cuerpos tienen una respuesta física que puede exacerbar la situación si un adulto no responde a ella de modo adecuado. Unos niños se pelean con otros o tiran cosas cuando están ansiosos o asustados, otros se esconden o salen corriendo. Las reacciones pueden ser pelearse, querer luchar contra los sentimientos y las sensaciones corporales o escapar, queriendo huir de ellos.

Los niños que se escapan de clase y/o se esconden alrededor de la escuela están comunicando con toda claridad que necesitan ayuda con sus sentimientos. Pueden estar diciendo: "Me siento abrumado, aterrorizado e inseguro y necesito ayuda para detener unos sentimientos como estos". Si respondemos a esta conducta devolviendo al niño a la clase sin ayudarlo con sus sentimientos, es casi seguro que las cosas se deteriorarán a medida que pase el día. Una respuesta como: "Es una pena que hayas hecho eso, ¿cómo puedo ayudarte a hacer una elección diferente?" puede suavizar la situación con más facilidad.

Estudio de Caso

Jacobo, de 8 años, estaba yéndose de clase varias veces al día. Estaba tan acostumbrado a hacerlo que, a veces, su maestra no se daba cuenta cuando se escabullía mientras ella utilizaba la pizarra o se arrastraba por el suelo cuando ella estaba trabajando con un grupo. Otras veces se iba corriendo. Tenía diversos escondites en su gran escuela, que era un edificio antiguo con mucho espacio. A menudo, los maestros pasaban mucho tiempo buscándolo.

Posibles razones de su conducta:

• Había cambiado de casa y de escuela cuatro veces y le resultaba difícil el trabajo escolar.

- Se sentía abrumado y asustado y tendría problemas si no podía hacer algo por lo que quería escapar de sus sentimientos de ansiedad y miedo.
- Había presenciado violencia doméstica en casa y estaba acostumbrado a hacer una guarida debajo de su cama para él y para su hermano más pequeño a fin de esconderse cuando se sentían inseguros.

Si a un niño le resulta difícil permanecer en clase, puede ser útil crearle en el aula un espacio tranquilo al que pueda acudir. Esto le permite ir regulando gradualmente sus sentimientos y acceder de nuevo al aprendizaje cuando se sienta más tranquilo y seguro. A los maestros puede preocuparles que el niño quiera sentarse allí todo el día y la use como excusa para no hacer su trabajo. Sin embargo, por mi experiencia, esto no ocurre así y pueden acordarse con el niño unas reglas para el uso de ese espacio.

Estrategia del educador:

Crear un espacio tranquilo en el aula

Idealmente, esta será una pequeña área contra una pared en un rincón de la sala, con cojines en el suelo y una librería o mesa para crear la sensación de estar separada de la clase y cerrada. Puede tener un reloj de arena, juguetes blandos u otros objetos relajantes.

Explique al niño que va a preparar una zona del aula para él, con el fin de ayudarlo cuando sienta que las cosas se ponen difíciles o alarmantes. Pregúntele si le gustaría ayudar a hacerla y hable con él acerca de cómo puede utilizarla. Por ejemplo: "Sé que a veces puede resultarte muy difícil seguir el ritmo de clase y que te sientes ansioso y asustado. Este es un sitio al que puedes venir cuando tengas esos sentimientos y después el Sr. Clark o yo vendremos y veremos si podemos ayudarte. Esto puede hacerte más fácil que estés en clase con nosotros y a todos nos gustará que eso ocurra".

Puede establecer reglas en cuanto a la cantidad de tiempo y cómo puede utilizarse con el niño según sus necesidades.

La situación puede utilizarse como una oportunidad para examinar las diferencias que existen en el aula y comentar situaciones en las que los niños puedan necesitar ayuda. Por ejemplo: "Algunos niños salen a diario con la profesora de apoyo para recibir ayuda complementaria en matemáticas y otros niños necesitan ayuda en otras áreas. El espacio tranquilo es para ayudar a Jacobo a tener algún tiempo de desconexión cuando lo necesite y todos podemos ayudarlo con esto. Es una persona importante en nuestra clase y queremos hacerle más fácil permanecer en nuestra aula todo el día. Recordemos que en esta clase que somos muy buenos ayudándonos unos a otros".

Cuando un niño ha tenido ayuda para controlar sus sentimientos y algún tiempo de desconexión para tranquilizarse, puede sentirse más seguro y acceder de nuevo al aprendizaje, evitando que su ansiedad y miedo aumenten y su conducta se deteriore. Es un reto enorme esperar que un niño que ha abandonado la clase vuelva y regrese al aprendizaje sin ayuda o apoyo de un adulto. Si un adulto abandona el trabajo o se marcha de un curso de formación porque está molesto, sería extremadamente difícil para él volver y reanudar su actividad como si nada hubiera pasado.

A los niños que tienen dificultades para regular el estrés puede resultarles difícil tolerar la emoción, llevándolos a sabotear acontecimientos como una excursión escolar o la fiesta de Navidad. Con el fin de ayudar a los niños en estas situaciones, es necesario comprender los sentimientos que subyacen a la conducta. A un niño que asocie la Navidad o las fiestas con un momento que empieza feliz pero a menudo termina en desastre le puede resultar imposible creer que la experiencia pueda acabar de forma diferente en la escuela.

Si un niño muestra claramente que está tratando de destruir una celebración, es útil pedirle que haga un trabajo u ofrecerle la oportunidad de ayudar en una clase de educación infantil con niños más pequeños mientras se preparan las cosas. Esto puede ayudarlo a controlar sus ansiedades y a garantizar que no se repitan situaciones que terminen con su ausencia debido a su conducta. Estos niños necesitan experimentar ejemplos positivos de acontecimientos que asocian con resultados negativos para darles pruebas y experiencias diferentes.

Durante la formación para el trabajo en grupo que imparto, estimulo al profesorado para que piense en las razones y los sentimientos que subyacen a la conducta. Cuando un adulto es capaz de detenerse y pensar en la razón de la conducta del niño y lo que puede estar sintiendo, en vez de reaccionar instantáneamente y hacer suposiciones, empiezan a poner primero al niño y sus necesidades emocionales. Al reflexionar tentativamente y comentar lo que están observando, el adulto transmite un poderoso mensaje al niño sobre la validez de sus sentimientos y le ofrece oportunidades para explorar formas diferentes de abordarlos. El programa de trabajo en grupo ofrece una forma estructurada para que el profesorado pueda integrar esto en su forma de trabajar con los niños.

4. Integrar el bienestar emocional de los alumnos en el conjunto de la escuela

En los capítulos anteriores he comentado la importancia de ayudar al niño a desarrollarse emocionalmente y sentirse a salvo y seguro en la escuela. Con el fin de ser lo más eficaz posible, este enfoque holístico debe implicar a toda la escuela, debe estar integrado en el currículo e incluir a toda la comunidad educativa, desde los organizadores de la hora de la comida hasta los directores. Un enfoque de toda la escuela que fomente la salud y el bienestar emocional es un componente clave de éxito para los niños en la escuela. Cuando se considera el enfoque de la salud y el bienestar emocionales que se van a aplicar en la escuela, es esencial que el director garantice que puede difundirse por toda la escuela e incluirse en sus valores.

UN ENFOQUE HOLÍSTICO, ES DECIR, DE TODA LA ESCUELA

Con el fin de identificar el éxito de una escuela, es útil examinar si los niños son felices, están adaptados y desarrollan todo su potencial, además de identificar algunos obstáculos para lograr esto. A lo largo de su jornada en la escuela, se espera que los niños se enfrenten a una serie de retos, como probar cosas nuevas, separarse de sus padres, etc. La forma de responder en la escuela a las reacciones de los niños a estos acontecimientos puede influir en su resultado. La jornada escolar está llena de experiencias que pueden evocar sentimientos en los niños y exponerlos a nuevas y difíciles situaciones. Podemos esperar que los niños las controlen sin mostrar ninguna respuesta o reacción y, en consecuencia, sorprendernos cuando lo hagan. Hay que escuchar y validar los temores de los niños de manera que se sientan lo bastante seguros para manifestarlos. El personal de la escuela debe ser consciente de garantizar que no hacen desprecios usando expresiones como "no seas tonto". Esto puede ser un desprecio de los sentimientos del niño y exacerbar sus temores (véase la tabla 4.1).

Tabla 4.1. *Impacto emocional potencial de la jornada escolar*

Situación	Sentimiento
Dejar a su padre o madre	*Asustado*
Seguir reglas	*Abrumado*
Escuchar instrucciones	*Confuso*
Controlar cambios como tener un nuevo maestro	*Aterrado*
Tomar la comida en un gran salón	*Intimidante*

Los mensajes que reciben los niños del entorno de la escuela, y del profesorado, pueden reforzar también cómo se ven a sí mismos y cómo experimentan el mundo. Estas experiencias pueden facilitar mensajes sutiles sobre cuestiones como la confianza y la responsabilidad en las tareas cotidianas. Por ejemplo, si se pide a un niño que entregue una nota a otro profesor, se le da el mensaje: "Puedo confiar en ti" y "Tu puedes ser responsable".

Las escuelas tienen el compromiso de evaluar los niveles de lectoescritura y de matemáticas de cada niño y de prestar apoyo adicional mediante intervenciones como grupos de refuerzo para niños que puedan necesitarlo. Sin embargo, en el plano del desarrollo social y emocional, no evalúan las destrezas sociales del niño, aunque a veces puedan regañarlo si tiene dificultades en este terreno. Podemos esperar que los niños estén en determinado nivel evolutivo y hacer evaluaciones basadas en su edad cronológica en vez de su edad social y emocional. Por ejemplo, un niño al que le resulte difícil compartir con otros puede estar operando en un nivel emocional de 3 años.

Es conveniente considerar las destrezas sociales y emocionales que pensamos que tienen los niños, cuando creemos que son capaces de compartir, escuchar, cooperar, sentarse en silencio, sentarse tranquilos, trabajar con otros y seguir instrucciones. Podemos suponer que la edad del niño y su nivel evolutivo están relacionados pero, en el caso de algunos niños, puede haber una gran distancia entre ambos niveles. ¿Facilita la escuela ayuda y apoyo extras en unas áreas, pero castiga o regaña a los niños por no tener las destrezas que esperamos que tengan en otras?

El personal de la escuela puede intuir también que un niño tiene un nivel de lenguaje y una comprensión cognitiva del significado de ciertas palabras. Para algunos niños, determinadas destrezas como la empatía y la consideración son difíciles de entender y aún más difíciles de poner en práctica. Cuando los niños actúan con arreglo a una edad muy inferior en cuanto a su desarrollo social y emocional, requieren apoyo extra y unas explicaciones claras que les permitan alcanzar el nivel de desarrollo adecuado. Los programas de trabajo en grupo de este libro pueden utilizarse para que los niños que necesiten apoyo extra puedan desarrollar una conducta adecuada a su edad.

OPORTUNIDADES DURANTE LA JORNADA ESCOLAR

En el transcurso de la jornada escolar hay muchas situaciones que pueden permitir que los niños se sientan bien y que alcancen el éxito. Estas oportunidades han de adaptarse de manera que cada niño experimente resultados positivos, igual que somos capaces de adaptar el aprendizaje de un niño para conseguirlo. Un ejemplo de esto puede ser el "Premio de estrella por un día" que puede otorgársele a un niño en clase al final de cada día. Esta es una forma excelente de asegurar que cada niño reciba este premio en algún momento, dado que puede otorgarse por el esfuerzo realizado, por ser amable, por ejemplo, en vez de por lograr un objetivo concreto.

Pero también en la escuela los niños pueden experimentar decepción y fracaso, los maestros deben ayudarles con los sentimientos que estas situaciones puedan suscitar. Este es un aspecto importante para el desarrollo de la resiliencia.

La tarea de todos los adultos de la escuela es reconocer estos sentimientos cuando surgen y ayudar al niño a controlarlos. Es importante no dejar que un niño gane un juego cada vez que juegue con un adulto porque no es realista y no contribuye a la resiliencia. Es mucho mejor ayudar al niño a comprender que todo el mundo gana y pierde a veces y ayudarle a explorar y expresar sus sentimientos al respecto. Esto puede ayudarle a desarrollar la constancia, la determinación y la motivación, en vez de sentirse abrumado y desolado. Como comentamos en capítulos anteriores, conseguir esto puede ser más fácil para algunos niños debido a sus experiencias de vida y un enfoque regido por las necesidades de la persona puede apoyar este proceso.

La hora de la comida en la escuela puede ser la parte más difícil de la jornada, especialmente si el tiempo obliga a que los niños tengan que quedarse en el interior del edificio. El período de la comida puede ser un tiempo difícil para los niños porque generalmente está menos estructurado y puede sentirse como desorganizado y caótico. Esto puede resultar especialmente complejo para los niños cuyos hogares reflejen esta circunstancia.

La forma más eficaz de controlar esta situación es vincular a un organizador de la hora de la comida con cada clase que, idealmente, siga a esa clase en la escuela de manera que haya cierta consistencia del personal de la escuela para los niños. Esto puede ser difícil de implementar, pues el equipo de personal del comedor puede cambiar con frecuencia. Sin embargo, cuanto más se sienta el personal como parte esencial de la escuela y tenga oportunidad de que se escuchen sus opiniones, más probable será que continúen trabajando en la escuela. Ellos también necesitan oportunidades para desarrollar destrezas y que se les brinden orientación y apoyo. Gran parte de la sesión de tarde en la escuela puede dedicarse a poner orden con respecto a los incidentes que hayan ocurrido en la hora de la comida. Esto puede reducirse drásticamente facilitando al personal del comedor, apoyo y herramientas para comprender y controlar la conducta. Es fácil que el personal se centre en decir a los niños lo que no quieren que hagan, en vez de dejar claro lo que deberían hacer. Procure sustituir los "no hacer" por "hacer" y compruebe si esto produce alguna diferencia.

Controlar los cambios en la jornada escolar

Como mencionamos en capítulos anteriores, la experiencia de consistencia y previsibilidad es esencial para el bienestar emocional de los niños. Los maestros pueden contribuir a ello destacando los cambios durante la jornada, por ejemplo, asegurándose de que sus alumnos sepan cuándo tienen tiempo de preparación, sin contacto con los niños, durante la semana. Esto puede servir de más ayuda si el maestro vuelve después al aula para despedirse de los niños al final de la jornada. Esto hace que los niños puedan afrontar con más facilidad la ausencia de su maestro, y muestren una conducta mejor, sabiendo que volverá al final del día para controlar la clase y revisar la tarde.

También es posible que las escuelas utilicen un enfoque similar cuando empleen a un maestro suplente en la jornada. Por ejemplo, el maestro titular puede dejar una nota para que se lea a la clase al principio del día. Esto permite que los niños controlen más fácilmente sus sentimientos y les da un sentido de previsibilidad.

Con el fin de asegurar que los niños tengan claras sus expectativas de clase, también pueden facilitarse orientaciones para controlar la conducta al personal suplente que cubra las ausencias del personal titular. Una maestra suplente que controle la conducta intimidando a los niños o gritándoles puede romper el marco de valores que la escuela trata de crear. Por ejemplo: "En esta escuela estimulamos la conducta positiva reconociendo y elogiando la conducta que nos gustaría ver aumentar y hemos comprobado que ayuda a los niños que todo el personal utilice una voz tranquila y clara, en vez de gritar".

TRANSICIÓN A UNA NUEVA CLASE

Como comentamos en los capítulos anteriores, a algunos niños, cualquier cambio les resulta extraordinariamente difícil porque puede provocarles sentimientos de pérdida, ansiedad e incertidumbre. En consecuencia, es útil que la transición de los niños a nuevas clases se hagan con paciencia y comprensión. Para un niño que haya experimentado muchos cambios e incertidumbres en su vida fuera de la escuela, la transición a una nueva clase y a un nuevo maestro puede ser apabullante. Los niños tienen que adaptarse a una nueva relación, quizá a una nueva forma de trabajar y a un nuevo ambiente de clase y todo después de seis semanas fuera de la escuela.

Las dos primeras semanas del trimestre pueden ser muy exigentes para los niños y los maestros, pero es a la vez un tiempo importante para ocuparse de desarrollar y construir la nueva relación. Esto les permitirá sentirse seguros, relajarse y dedicarse a su aprendizaje. Si no se da prioridad a esto, puede ser muy difícil retroceder y reconstruirlo. Conviene señalar que este es un proceso gradual y que se hacen concesiones a los niños que tengan dificultades para construir una nueva relación.

EL ROL DEL PERSONAL DE LA ESCUELA

Una herramienta beneficiosa para todo el personal de la escuela es la capacidad de reflexionar sobre sí y sobre su práctica de manera sincera y abierta, y considerar cómo puede sentirse el niño en la escuela. Para hacer esto, las personas tienen que sentirse seguras y tranquilas con respecto a que sus observaciones serán escuchadas y respondidas de forma comprensiva. Esto puede empezar por el director y otros miembros destacados del profesorado, siguiendo hasta el personal administrativo. Las relaciones y la profesionalidad entre el personal de la escuela pueden crear un equipo comprensivo y eficaz o un grupo de personas dividido a quienes les cueste mucho ir al trabajo cada día.

Cualidades a desarrollar en todo el personal

- ¿Es accesible todo el personal?
- ¿Todos son comprensivos con los demás?
- ¿Pueden confiar unos en otros?
- ¿Trabajan como equipo o compiten entre sí?
- ¿Están abiertos y se muestran receptivos al cambio?
- ¿Son sinceros sobre sí mismos y su trabajo?
- ¿Mantienen la profesionalidad y la confidencialidad?
- ¿Son capaces de reflexionar y admitir sus errores?
- ¿Están motivados y comprometidos con los niños y la escuela?
- ¿Ejemplifican una buena práctica de trabajo?
- ¿Son resilientes?

Formación del personal de la escuela

La experiencia de una formación de alta calidad es de primordial importancia para todo el personal de la escuela; las oportunidades de acceder a formación adicional relevante para su función tienen que estar a disposición de todo el personal. El personal puede recibir esta formación a través de diálogos formales e informales y mediante la retroinformación sobre su actuación. Es beneficioso facilitar feedback al personal sobre sus relaciones con los niños, no solo sobre su actuación durante las observaciones de clase pues esto es un aspecto crucial de su función en la escuela. Las relaciones entre los niños y el personal se comentan con más detalle en el capítulo 5.

La calidad de las relaciones entre el personal de la escuela influye sobre su capacidad de trabajar juntos con eficacia y de ejemplificar unas relaciones positivas ante los niños. Las relaciones entre el maestro y sus colegas tienen que ser armoniosas para garantizar que sean capaces de trabajar juntos con eficacia. La comunicación debe ser abierta y sincera junto con el respeto y el aprecio mutuos. Esto puede demostrarse frente a los niños, de manera que sean capaces de experimentar de este modo el impacto de relacionarse con otras personas. Cuando los niños han experimentado una vida de falta de armonía y de conflicto, son más receptivos captando esto en otras relaciones.

Si las relaciones entre el personal son de desconfianza, resentimiento y animosidad, los niños pueden presenciarlo a través de las interacciones verbales y no verbales. Cuando los niños notan que hay conflicto entre el personal pueden preocuparse y tratar de resolver el problema en vez de dedicarse a aprender. Esto puede ocurrir si el niño está acostumbrado a desempeñar el papel de pacificador y negociador en casa.

Algunos niños están muy sensibilizados a las relaciones y reconocen atmósferas y conductas entre el personal que pueden suscitarles preocupación y ansiedad. Los niños necesitan que la escuela sea un refugio en el que se sientan seguros y protegidos y unos sentimientos negativos entre el personal y una atmósfera difícil impedirán que esto ocurra. Hay oportunidades para demostrar a los niños cómo controlar los sentimientos y el conflicto entre personas mediante las relaciones entre todo el personal de la escuela.

Valoración del personal

Los adultos que trabajan en la escuela tienen que sentirse valorados y apoyados en su trabajo para ser productivos ya que esto puede influir en los niños tanto de forma positiva como negativa. Todos los adultos que trabajan en la escuela tienen la responsabilidad de crear una atmósfera feliz y relajada para los niños, o bien decidir qué pueden hacer para cambiarla. Trabajar en escuelas puede ser una tarea exigente y agotadora, pero gratificante y agradable también. Para que el personal trabaje con más eficacia y dé lo mejor de sí a los niños, tiene que sentirse feliz y realizado. Es importante que sientan que están marcando una diferencia y que son un pieza esencial en la rueda de la vida escolar. La escuela debe ser emocionalmente segura para el personal con el fin de que sea emocionalmente·segura para los niños.

Conducta adecuada del personal

Como mencionamos antes, los mensajes que, como adultos, comunicamos a los niños tienen un impacto significativo en ellos. Al trabajar en la escuela, es necesario que el personal tenga conciencia de cómo puede influir su conducta cotidiana en los niños. El personal cuya conducta es ruidosa y bulliciosa puede enervar e intimidar a los niños que fácilmente pueden considerar que los adultos son individuos aterradores y abrumadores. Si el personal cuenta chistes y ríe constantemente con los niños, es importante comprobar que entienden cuándo las cosas van en serio.

Como adultos, nuestra tarea es decidir e implementar los límites para los niños con respecto a esto y no regañarlos si se sobreexcitan. Algunos niños son excesivamente conscientes de lo que los adultos están diciendo y haciendo y pueden buscar claves ocultas en las conductas de las personas. Por ejemplo: "El profesor de matemáticas parecía enfadado esta mañana. Creo que es porque no acabé todas mis tareas de matemáticas ayer". En realidad, el maestro acababa de saber que la impresora estaba estropeada.

Reflexión: ¿Cómo me comporto?

- ¿Mis interacciones son siempre adecuadas?
- ¿Qué comunican mi tono de voz y mi expresión facial?
- ¿Tengo límites consistentes con independencia de cómo me sienta?

Cada niño reacciona de forma diferente a los gritos y, aunque esto pueda atraer su atención inmediatamente en algunas situaciones, también puede transmitir mensajes contradictorios a los niños. Si regañamos a los niños por gritar o les pedimos que hablen educadamente a los demás y después los niños oyen gritar al personal, les estamos causando confusión. Estamos diciendo que una conducta es aceptable para los adultos pero no para los niños.

Hay ocasiones en las que puede ser necesario que un adulto levante la voz en la escuela; por ejemplo, si un niño se va a caer o a hacerse daño. Sin embargo, los adultos pueden utilizar los gritos como forma de tratar de controlar la conducta de los niños. Para un niño que ha experimentado violencia doméstica o vive en una familia en la que los gritos se utilizan como forma de comunicarse, esto puede ser una experiencia muy alarmante. El niño puede desconectarse o hacer como que no escucha, pero, en realidad, puede estar sintiéndose asustado y no saber qué hacer. Esto puede crear aún más ansiedad y estrés al niño.

Controlar los sentimientos

El ambiente escolar ofrece una situación ideal para demostrar cómo expresar y controlar a diario los sentimientos. Los maestros pueden ejemplificar formas de expresar sus propios sentimientos, a menudo sin ser conscientes de ello. Los maestros que se muestran taciturnos, se quejan, actúan con condescendencia y humillan a otros miembros del personal, a los padres y a los niños transmiten potentes mensajes acerca de cómo controlar los sentimientos. Si las escuelas tienen expectativas claras acerca de la conducta de los niños y lo que es aceptable e inaceptable, tienen que garantizar que esto lo ponga en práctica el profesorado en todo momento.

Por ejemplo, un niño me dijo que había oído decir palabrotas a un auxiliar docente cuando le pidieron que cubriera otra clase. El niño me preguntó si lo amonestarían, es decir si tendría la misma consecuencia que sufriría un niño en la escuela. Es esencial que las escuelas transmitan a todo el mundo un mensaje consistente y que no se contradigan en su enfoque.

El modo de reaccionar del profesorado a las situaciones cotidianas constituye una oportunidad de ejemplificar formas de abordar los sentimientos de los niños. Por ejemplo, si un miembro del personal comete un error o rompe algo, esto puede utilizarse como una oportunidad de reconocer que esto le pasa a todo el mundo y que es una parte importante de la vida. Eso puede dar oportunidad de explicar que los errores nos permiten aprender y probar cosas, en vez de encubrirlo de manera que los niños piensen que los adultos nunca cometen errores.

Durante la jornada escolar hay muchas oportunidades de aprendizaje que no forman parte del currículo y pueden utilizarse para que los niños aprendan lecciones de vida de valor incalculable. Por ejemplo, ¿los adultos piden perdón a los niños, ejemplifican la conducta que queremos que tengan los niños? ¿Creen los niños que pueden cometer errores y recibir elogios por ser valientes y probar cosas?

Como adultos, tenemos la responsabilidad de ayudar a los niños a comprender y expresar sus sentimientos, en vez de sentirse asustados o abrumados por ellos. El personal de la escuela tiene incontables oportunidades de compartir sus experiencias de control de sus propios sentimientos a lo largo del día. Si hay un compromiso de todo el personal de la escuela para utilizar un vocabulario emocional y compartir adecuadamente experiencias con los niños, los niños pueden ser capaces de reflejar esa conducta.

Esto puede lograrse reconociendo situaciones cuando surjan a lo largo de la jornada; por ejemplo: "Cuando pruebo algo nuevo, puedo tener una sensación mala en el estómago; sé que esto es miedo y puede ayudarme hablar con alguien cuando siento algo así". Hacer afirmaciones como: "Todo el mundo tiene a veces sentimientos difíciles y puede ayudar contárselo a otras personas cuando sentimos algo así", puede contribuir a la conciencia que los niños tengan de sí mismos y de otras personas.

Utilizar el lenguaje reflexivo

También podemos transmitir mensajes positivos a los niños de un modo sutil durante la jornada escolar pensando y comentando lo que esté ocurriendo con un lenguaje reflexivo para explorar tentativamente lo que un niño pueda estar experimentando. Esto se discute con más detalle en el capítulo 3.

Los ejemplos de lenguaje reflexivo que muestra la tabla 4.2 permiten su integración en la jornada escolar. Por ejemplo, si a un niño le cuesta una tarea o le resulta difícil, puede ayudar la reflexión: "Puede ser difícil cuando enfocamos mal las cosas", o "Puede resultar frustrante cuando tratamos de hacer algo y no podemos descubrir cómo hacerlo". Esto permite que el niño se sienta atendido y comprendido, además de ayudarle a identificar cómo siente la frustración.

Con el tiempo, esto permite al niño relacionar los sentimientos con la palabra y establecer él mismo la conexión. Esto puede llevarle a ser capaz de expresarse en otra ocasión en la que tenga ese sentimiento. Ayuda enormemente si el personal de la escuela utiliza esto como forma de comentar sus propios sentimientos; por ejemplo: "Me sentí triste cuando estuve mal y no fui a la excursión de la escuela".

Tabla 4.2. *Impacto de las respuestas reflexivas positivas*

Respuesta reflexiva	Mensaje al niño
He estado pensando en lo difícil que te resulta preparar las cosas que necesitas para la clase de Educación Física	*Mereces que se piense en ti*
Voy a pedirle a la maestra que te dedique algún tiempo y te enseñe a atarte los cordones de los zapatos; veo que te resulta difícil cuando tratas de hacerlo	*Mereces ayuda cuando la necesitas*
Es importante que todo el mundo tenga su turno para ser el primero de la fila	*Tus necesidades son importantes*
Parecías triste cuando no te escogieron para el equipo de fútbol. Me pregunto si te gustaría escoger a un amigo o ayudarme a desempaquetar los libros nuevos	*Eres importante*

ESCUCHAR A LOS NIÑOS Y USAR UN LENGUAJE AFIRMATIVO

El uso del lenguaje es un aspecto importante del enfoque de la conducta en la escuela y utilizar un lenguaje afirmativo que se centre en la conducta que deseamos ver, en vez de la conducta indeseada, es un enfoque beneficioso. Por ejemplo: "Por favor, id andando por el pasillo", en vez de: "No corráis", será a menudo más eficaz. Cuando nos centramos en los aspectos de la conducta que no queremos, esa es la que vemos. Los niños oyen la palabra "correr" y eso les da una idea, del mismo modo que cuando decimos a un bebé: "No toques el enchufe", oye la palabra "enchufe" e inmediatamente vuelve la vista hacia él.

El enfoque es útil para niños que tienen una mala autorregulación o un bajo control de impulsos, y a los que puede resultarles extraordinariamente difícil modificar su conducta y no hacer cosas. Por ejemplo, si, en casa, un niño tiene que interrumpir a otras personas y hablar más alto que ellas para hacerse oír, puede serle difícil no actuar del mismo modo en la escuela. Recientemente, un maestro utilizó la frase: "¿Quién está siendo grosero?" como forma de controlar una situación en el aula. El niño que estaba hablando se sonrojó y parecía avergonzado. Una respuesta diferente, como: "Recordad que tenemos que escucharnos unos a otros" no hubiese señalado ni avergonzado al niño y habría llegado al mismo resultado de un modo menos directo.

Conviene considerar cuánto tiempo se dedica a escuchar los pensamientos, sentimientos e ideas de los niños durante la jornada escolar y examinar si los niños se sienten lo bastante seguros para hacer esto. Es beneficioso dar oportunidades a los niños para hacer esto durante todo el curso escolar y para que sus ideas se reconozcan y reciban respuesta de un modo positivo y de aceptación. Algunos niños que dicen con frecuencia: "Me da igual", pueden haber aprendido esto como una forma de encajar que lo defrauden y decepcionen. Pueden hacer como que no les importa porque han aprendido: "No tiene sentido decir lo que quiero porque no lo voy a conseguir. Es más fácil hacer como que no me importa y así no tengo que sentirme decepcionado ni molesto". Estos niños necesitan oportunidades periódicas para hacer elecciones, junto con la validación de que sus sentimientos e ideas son interesantes e importantes.

INTEGRAR EL VOCABULARIO EMOCIONAL EN EL CURRÍCULO

Durante la jornada escolar, puede que se pida a los niños que experimenten situaciones cuya vivencia no resulta cómoda a los adultos, como ser vulnerables y compartir cosas sobre sí mismos que a los adultos les resulten difíciles de hacer. Por ejemplo, pedir a un niño que diga cosas que le cueste hacer o que le resulten difíciles.

En clase, un adulto puede escoger al azar a un niño para que responda a una pregunta, exponiéndolo ante los demás de un modo que sería incómodo para los adultos. ¿Cuántos de nosotros hemos asistido a cursos de formación en los que nos hemos sentido incómodos si el facilitador nos señala al azar para que participemos?

Reflexión: ¿Es cómoda esta sensación?

- ¿Qué les pedimos a los niños que hagan?
- ¿Cómo pueden sentirse?
- ¿Cómo me sentiría yo si alguien me pidiera que hiciera esto?
- ¿Cómo puedo cambiar esto para hacer que a los niños les parezca más fácil y menos intimidatorio?

Durante la jornada escolar hay muchas oportunidades de presentar a los niños un vocabulario emocional y de familiarizarlos con él. Es esencial utilizar esto con la mayor frecuencia posible de manera que se convierta en una forma reconocida de interactuar y evita que se les pida a los niños que hagan algo sin nombrarlo ni explicarlo. Por ejemplo, si un niño pega a otro niño y se le pregunta por qué se ha comportado de ese modo, no es realista esperar que lo explique si no se le ha facilitado el vocabulario emocional adecuado para que pueda hacerlo. El personal de la escuela puede ayudarlo en esto asegurándose de utilizar oportunidades periódicas de presentar el vocabulario emocional a los niños.

Elecciones y responsabilidad

En la escuela se dan a los niños oportunidades de aprender a elegir y asumir responsabilidades. Esto tiene un impacto positivo en su seguridad en sí mismos, autoestima y autovaloración. Si se da a elegir a los niños en relación con pequeñas cosas durante todo el día, como escoger escribir con bolígrafo o con lápiz, ellos son capaces de entender que cada elección conlleva una consecuencia. Por ejemplo, un niño que escoge escribir con lápiz puede borrar un error, mientras que un niño que opte por escribir con bolígrafo no puede hacerlo. Esto puede ayudarlos a entender más fácilmente las consecuencias de otras elecciones que puedan hacer: optar por pegar a alguien tiene la consecuencia de la ausencia en el tiempo de juego. Cuando damos a un niño una elección o responsabilidad, le estamos diciendo: "Yo confío en ti", "Tus puntos de vista son importantes", "Tus necesidades importan".

Crear ambientes adecuados

El ambiente físico que se crea en una escuela influye en el bienestar emocional de todos los que van a esa escuela. Para los niños que fuera de la escuela encuentran desorganización e imprevisibilidad, el ambiente organizado y ordenado de la escuela contribuye a su sensación de seguridad y bienestar. Las aulas que están limpias, ordenadas y permiten a los niños encontrar las cosas con facilidad y las tienen en el mismo lugar, de manera que los niños pueden acceder a ellas con facilidad, dan un sentido de estabilidad a las vidas de los niños, por lo demás inestables.

Un niño que vuelve a la escuela después de un fin de semana caótico y desestructurado puede sentirse aliviado sabiendo que los rotuladores estarán en el mismo lugar el lunes por la mañana. Puede estimularse a los niños para que se responsabilicen de cuidar su aula y esto puede implicar un enfoque de equipo. Es importante involucrar a los niños en esto, pues es su espacio y, cuanto más cómodos se sientan, más fácil les resultará dedicarse a su aprendizaje.

En cada grupo, los niños pueden responsabilizarse de su aula; puede conseguirse asignando a niños ciertas áreas de la clase; por ejemplo, arreglar el rincón del libro, etc. Puede dejarse a los niños que elijan el área, lo que da la oportunidad de preguntarles sus ideas acerca del ambiente de la clase. Esto puede utilizarse para hablar sobre el tratamiento de las diferencias de opinión y de compromiso y cómo utilizar las técnicas de negociación. Transmite a los niños el mensaje: "cuidamos de nuestra clase y unos de otros". A la mitad de cada trimestre, puede ser útil tener una discusión de clase para revisar lo que funciona bien y por qué. Esto da a los niños voz y sentido de propiedad sobre su aula, además de desarrollar las destrezas de trabajo en equipo.

Sentirse seguro y a salvo en la escuela

El personal de la escuela puede hacer suposiciones y tener sus propias ideas acerca de la comprensión de la seguridad de los niños, pero es importante clarificar esto con ellos. El personal también puede dirigir, con el ejemplo, a través de su propia conducta y asegurándose de que se ofrezcan explicaciones claras a los niños. Por ejemplo, si un niño corre mientras lleva una tijera, necesita un ejemplo de la conducta diferente que le gustaría junto con una explicación de por qué tenemos que cambiar su conducta, como: "Por favor, no corras cuando lleves una tijera porque si tropiezas o te caes puedes hacerte daño y no quiero que te pase algo así".

Es importante tener en cuenta que no hay que dar por supuestas cosas sobre la comprensión o la conciencia de seguridad de los niños a causa de su edad. Algunos niños no tienen sentido del peligro porque nunca han sido conscientes de él. Estos niños pueden parecer confusos cuando se les dan explicaciones acerca de la seguridad. Reconocer que no quiere que los niños se hagan daño o que quiere mantenerlos seguros puede ser una sorpresa para algunos niños a quienes los adultos ajenos a la escuela puedan haberles hecho daño físico o emocional.

LA SEGURIDAD EMOCIONAL

Las escuelas pueden desempeñar un papel importante en la conciencia de seguridad emocional de los niños, examinando cómo nos comportamos hacia otras personas y por qué. Es bueno discutir por qué somos amables, cuidamos unos de otros e identificamos los sentimientos que esto pueda suscitar. Los niños necesitan confiar en que los adultos de la escuela los protegerán de daños con el fin de sentirse emocionalmente seguros en la escuela. Esto puede conseguirse mediante una normativa clara y consistente para atajar el acoso, y la seguridad de que será implementada por todo el personal. Las jornadas escolares pueden ser las mejores o las peores de nuestra vida y en parte se ven afectadas por amistades y por relaciones entre compañeros. Es esencial que todos los niños de la escuela entiendan que es inaceptable cualquier forma de acoso, y que el personal entiende que los niños que acosan necesitan ayuda urgente. Esto se estudia con más detalle en los capítulos 3 y 5.

Un entorno en el que los niños se sientan suficientemente seguros para cometer errores y reciban apoyo para aprender de ellos constituye una oportunidad excelente. Sin embargo, si un niño que rompe algo accidentalmente recibe una reprimenda y un castigo, quizá no solo esté demasiado asustado para admitirlo cuando haga esto en el futuro, sino que también puede aprender "no está bien cometer errores". Esto puede impedirle probar algo en el futuro y suscitar un sentimiento de vergüenza en relación con su conducta. Si un adulto responde con compasión en vez de con irritación, el niño aprende que cometer errores y romper cosas forma parte de la vida.

El estilo conductual de la escuela

El sistema conductual escolar sienta las bases de la escuela y alcanza su máxima eficacia cuando se implementa de forma consistente en toda la escuela en términos de expectativas y respuestas a la conducta. Cualquier inconsistencia entre adultos puede hacer que los niños se sientan asustados y ansiosos, lo que llevará a que estén callados y ausentes o retadores y controladores. Esto requiere el compromiso de todo el personal y la comprensión de su importancia. El sistema conductual tiene que ser claro y comprensible para los niños de toda la escuela y las expectativas conductuales para la escuela deben ser realistas y alcanzables por todos los niños para permitir que todos alcancen el éxito. Es útil pedir a los niños retroinformación sobre su comprensión del mismo y de cómo funciona para asegurarse de que quede bien comprendido. Por ejemplo, si un niño tiene regularmente dificultades para cumplir una determinada norma, invite al maestro de su clase o a otro adulto de la escuela a que compruebe su comprensión de la misma.

Ayudar a los niños a entender las expectativas conductuales

Es importante no dar por supuesta la comprensión de la conducta del niño sin evaluarla, del mismo modo que evaluamos su lectoescritura o su aritmética. Por ejemplo, si la norma de la escuela es: "Somos bondadosos y amables con los demás", es importante dar a los niños ejemplos de cómo pueden conseguir esto.

Algunas de las expectativas que tenemos sobre la conducta de los niños en la escuela pueden hacerle muy difícil alcanzar el éxito. Por ejemplo, durante la hora de asamblea puede esperarse que los niños se sienten en un suelo a veces duro y frío, y que se los reprenda si son incapaces de hacerlo sin estarse quietos. A la mayoría de los adultos, esto les parece difícil, sin embargo, esperamos que los niños se las arreglen. Las alternativas son limitadas porque puede que no haya suficientes sillas para los niños, pero, si el personal de la escuela puede reconocer que es algo difícil de hacer, al menos estarán dando su valor a lo que hacen los niños.

Para crear un entorno escolar eficaz, es esencial que el personal trate de explorar por qué se comportan los niños de determinadas maneras, qué pueden estar tratando de comunicar, cómo se sienten y qué puede hacerse para ayudarlos. Cuando más comprendidos y apoyados se sientan los niños al tratar de cambiar su conducta, mayor será la probabilidad de que esto ocurra. Imaginemos como adultos que nadie haya tratado de comprendernos o ayudarnos nunca para hacer cambios; ¿cómo nos sentiríamos?

Los gráficos de conducta son una forma de incalculable valor de supervisar la conducta de los niños y de ofrecerles objetivos que alcanzar. Sin embargo, alcanzan su máxima eficacia cuando permiten a los niños lograr cierto grado de éxito y ver los resultados inmediatos de sus esfuerzos. Es poco realista dar más de un objetivo a un niño. Del mismo modo que no podemos esperar que un adulto deje de fumar, empiece a correr, haga una dieta y deje de beber, todo al mismo tiempo, porque sería poco realista esperar que lo consiga y se mantenga haciéndolo, la misma filosofía tenemos que aplicarla al fijar objetivos para los niños.

Es importante implicar a la familias. Los padres y madres desempeñan un papel vital en la escuela. Para que un niño desarrolle todo su potencial, es esencial que ellos se impliquen todo lo posible, que tengan experiencias positivas de la escuela y que se sientan valorados y apoyados en su papel. Si la relación entre los padres y la escuela es armoniosa, será mejor para el niño. Merece la pena dar a conocer a los padres y explicarles las intervenciones que se estén ofreciendo en la escuela de manera que puedan utilizar un enfoque similar con su hijo en casa. Por ejemplo, un padre cuyo hijo estaba involucrado en el programa de trabajo en grupo de amistad pudo apoyar este trabajo animando a su hijo a practicar las destrezas en casa al mismo tiempo que en el grupo, maximizando así el potencial para que se produjera el cambio.

DESARROLLAR DESTREZAS PARA LA VIDA

El entorno de la escuela es el lugar ideal para que los niños aprendan acerca del desarrollo de destrezas esenciales de vida y las practiquen, y la oportunidad de hacer esto puede integrarse en el currículo escolar a través de lecciones y actividades. Las posibilidades de hacer esto son enormes y permiten que el personal sea creativo en su enfoque, además de constituir un patrón para desarrollar y hacer un seguimiento de las relaciones. Cualidades como la sinceridad, la tolerancia, la compasión, el coraje, la paciencia, etc., pueden integrarse en el currículo, y también desarrollar la resiliencia y otras destrezas. Es importante no dar por supuestas las destrezas que pueda tener un niño, pues esto depende de sus experiencias externas, como se expuso con más detalle en el capítulo 2. Se puede ayudar a los niños con destrezas como la organización, implicándolos en trabajar con otros niños y planificando un acontecimiento como una fiesta de final de trimestre. Esto también es útil para niños a los que les resulta difícil trabajar con otras personas y puede contrariarlos no ser el centro de atención.

Los programas de trabajo en grupo de este libro constituyen un enfoque eficaz de toda la escuela, creando oportunidades para que los niños tengan un apoyo adicional con destrezas emocionales y sociales además de validar y apreciar su individualidad.

Para que los programas de trabajo en grupo sean más eficaces, tienen que formar parte de un enfoque de toda la escuela que refuerce las destrezas y experiencias de los niños y de todo el personal. Por ejemplo, a Mónica, de 11 años, le resultaba difícil conservar amistades y podía ser mandona y controladora con otros niños. Aunque ella estaba en el grupo de amistad, el facilitador de grupo se reunía semanalmente con ella y con su mamá al final de la jornada escolar para explicar la tarea para esa semana y animarla para que ayudase a Mónica con ello. El facilitador también se puso en contacto con su maestra, poniendo en su conocimiento las destrezas que habían estado practicando en la sesión. Este enfoque les permitió estimularla para que transfiriera estas destrezas fuera de la sesión y facilitarle el apoyo adicional que necesitaba. Esto llevó a que mejoraran sus amistades, su seguridad en sí misma y su autoestima, gracias a que ella se sintió mejor consigo misma.

Si el facilitador de grupo puede ponerse en contacto regularmente con los padres, con el director, con la maestra y con otros adultos que trabajan con los niños en la escuela para facilitar feedback sobre la conducta del niño y compartir información, esto permite que esté plenamente integrado en la escuela en vez de considerarlo como un gesto simbólico y ocasional.

5. Desarrollar relaciones positivas y significativas en la escuela

LAS PRIMERAS EXPERIENCIAS RELACIONALES

Para que los niños puedan entablar relaciones con otras personas, es necesario que tengan un patrón de cómo hacerlo. La primera relación de un niño es con su cuidador principal y este suele ser la madre, el padre, un abuelo o una abuela u otro familiar. La calidad de esta relación primaria puede determinar la norma de las relaciones futuras.

Los niños cuya primera relación con un progenitor o cuidador ha sido cariñosa, comprensiva, consistente y amorosa pueden desarrollar una sensación interna de seguridad. Esta experiencia permite al niño explorar libremente y tener una curiosidad y un entusiasmo naturales con respecto a la vida. Como han respondido a sus necesidades primarias de comida y estimulación, y sus primeras interacciones mediante balbuceos y gorjeos han sido recibidas con entusiasmo y placer, aprende que sus necesidades se reconocen y satisfacen, que merece que piensen en él y que lo cuiden, lo que produce en él una elevada autoestima. Puede presentarse en la escuela con las destrezas y la capacidad necesarias para entablar y mantener relaciones y responder positivamente a la ayuda y al apoyo cuando es necesario.

Sin embargo, al niño que ha tenido una experiencia errática, inconsistente e imprevisible de las primeras relaciones puede resultarle más difícil interiorizar un sentido de seguridad y de estar a salvo y experimentan las relaciones como algo aterrador y poco fiable. Si el niño no tiene física o emocionalmente a su alcance a un progenitor o cuidador, que quizá rechace sus necesidades y las ignore o lo aparte cuando llora, el niño aprende que sus necesidades no importan y que, si busca el consuelo de alguien, pueden rechazarlo. Este niño puede presentarse en la escuela como una persona callada, ausente y poco sociable. Es fácil que consideren que este niño "parece feliz a su aire". Para estos niños, las relaciones son aterradoras y deben evitarse cuando sea posible, aunque signifique perderse experiencias positivas.

Ser madre o padre puede ser extraordinariamente estresante a veces y algunos padres puede que tengan pocas o ninguna experiencia positiva de atenciones parentales. A un padre, una madre o un cuidador que esté abrumado por sus propias necesidades o dificultades puede resultarle difícil responder a las necesidades del niño de un modo consistente y cariñoso. Puede tratar de mantenerse física y emocionalmente seguro, por ejemplo, si está experimentando violencia doméstica y puede ser incapaz de satisfacer las necesidades de su hijo.

Los niños que tienen estas experiencias tempranas pueden responder con inseguridad, estando constantemente en estado de alerta y desconfiando de las personas. Pueden presentarse en la escuela como individuos controladores y manipuladores con el fin de controlar sus elevados niveles de ansiedad. Pueden centrarse en objetos en vez de en las personas, pues son más fáciles de prever y de controlar; por ejemplo, un niño que siempre está jugueteando con trocitos de papel o parece tener una cantidad infinita de cosas en el bolsillo. Este niño puede necesitar tener todas esas cosas para sentirse seguro y a salvo. Es importante que el personal que trabaja en las escuelas tenga en cuenta esto cuando retire objetos que puedan parecer basura o no tener importancia alguna porque pueden ser de importancia crucial para el niño y representar la seguridad para él.

Estudio de Caso

A Javier, de 9 años, le resultaba difícil entablar y mantener amistades con otros niños de la escuela. Era controlador y manipulador con ellos y quería que todo se hiciera a su manera siempre. Le resultaba imposible comprender el punto de vista de otros y se mostraba agresivo hacia otros niños si podían hacer algo mejor que él. Evitaba las relaciones con los adultos de la escuela que lo consideraban grosero y problemático. Siempre estaba jugando con su plastilina y se agitaba y enfadaba cuando el profesor trataba de quitársela.

Su madre había estado envuelta en una relación inestable mientras estaba embarazada de él y durante los tres primeros años de su vida hasta que, al final, se separó de su padre. Ella también había sufrido una depresión posparto y le había resultado difícil establecer una relación con él, aunque lo quería y le daba todo lo que le gustaba. En su estilo parental, ella era imprevisible, pasando de mostrarse fría e indiferente a cariñosa y sobreprotectora.

Javier se pasaba largas horas delante de la televisión desde que era un bebé dado que esto parecía ser lo único que le calmaba. A medida que fue creciendo, desarrolló el interés por los juegos de ordenador, algunos de los cuales eran violentos. Su madre comunicó sus preocupaciones por su conducta y dijo que cada vez le resultaba más difícil la relación con él a medida que iba siendo mayor, pareciéndose más a su padre, con quien ella tenía aún una relación problemática y ahora le desagradaba intensamente.

Javier necesita:

- La oportunidad de experimentar una relación consistente con un adulto cariñoso en la escuela.
- La oportunidad de que lo ayuden a entablar amistad con otros niños.
- Construir su seguridad en sí mismo y su autoestima con el fin de experimentar un sentido más positivo de sí mismo.
- Que el personal de la escuela entienda por qué necesita su plastilina y que le permitan conservarla y usarla cuando la necesite, siempre y cuando no perturbe a los demás.

Cuando un niño queda atrapado entre dos adultos con problemas puede pensar que él tiene la culpa, que es el responsable y que, de alguna manera, tiene que procurar hacer algo para que las cosas vayan mejor. Puede preocuparse con esto y tener poco o ningún tiempo ni espacio para dedicarse a su aprendizaje o entablar y mantener amistades. A veces, el niño está constantemente tratando de reparar las relaciones de sus padres mediante su conducta; por ejemplo: "Si yo limpio la casa, mamá estará contenta y no le gritará a papá cuando llega a casa del *pub* y le dice que se vaya de casa". Esto puede llevar a que parezcan carentes de interés en la escuela porque estén pensando en nuevas formas de hacer mejor las cosas en casa. Esta conducta puede servir de profecía de inevitable cumplimiento por su guión interno que ya está diciéndole que está equivocado, es malo y que el tiene la culpa de todo.

EXPERIENCIAS RELACIONALES EN LA FAMILIA

Las ideas expuestas en el capítulo 2, que estudia el impacto de la familia en la capacidad del niño de aprender y de tener éxito en la escuela, examinan con más detalle el efecto de estas experiencias sobre los niños. Si se tienen en cuenta y se satisfacen las necesidades del niño durante su infancia, tendrá una experiencia diferente de la de un niño que no haya tenido esto. Si un niño se siente incondicionalmente amado y valorado por quién es, y por la alegría que aporta a sus padres/cuidadores, es más fácil que enfoque y afronte con éxito la vida escolar. Si el niño siente que es amado condicionalmente, dependiendo de su conducta, o que no es amado por causa de su conducta, su sentido de merecer atención, ser valorado y de que aporta alegría a otras personas puede ser un concepto extraño para él. Como comentamos antes, los niños desarrollan inicialmente creencias e ideas fundamentales sobre sí mismos en la familia y los mensajes que reciben sobre sí mismos validan aquellas creencias e ideas, como muestra la tabla 5.1.

A algunas familias puede resultarles difícil ejemplificar unas relaciones positivas entre cada uno de sus miembros o con otras personas ajenas a la familia. Como la familia es la primera aula del niño, los conceptos que aprende y las experiencias de cómo se establecen y sostienen las relaciones son de crucial importancia. Esto puede suscitar un conflicto importante entre la casa y la escuela.

Tabla 5.1. *Desarrollo de creencias fundamentales en la familia*

Creencia fundamental	Validada por
No soy suficientemente bueno	Críticas frecuentes
Mis necesidades no importan	Las necesidades de los padres van siempre primero
No estoy seguro	Ejercicio parental imprevisible e inconsistente
Soy una mala persona	Experiencia de abuso/violencia doméstica

Cuando un niño aprende en la familia que las relaciones tienen que ver con el poder, el control y la manipulación, y se le estimula para que luche verbal y físicamente para ver satisfechas sus necesidades, el entorno escolar, con su conjunto diferente de expectativas y normas relacionales, puede ser un lugar muy confuso. Es todo un reto animar a los niños a desarrollar e implementar el sistema de relaciones de la escuela de un modo que no demonice o critique la experiencia del niño en su familia. ¿Cómo organizaremos esto sin dar el mensaje de que la escuela tiene razón y la familia está equivocada?

Estudio de Caso

Carlos, de 9 años, contemplaba cómo su mamá y su papá se agredían siempre que estaban enfadados, cosa que era frecuente. Aprendió y fue testigo repetidamente de que así era como se respondía al conflicto. Los mensajes que recibía eran que, si alguien dice o hace algo que no te gusta, tienes que golpearle. Sus padres reforzaban esto diciéndole que era un blando si no mostraba esta conducta hacia otros niños en la calle.

En la escuela, Carlos estaba muy confuso. Si se comportaba tal como sus padres le decían, recibía la desaprobación y tenía problemas en la escuela. Estaba constantemente teniendo que hacer juegos malabares entre dos formas de comportarse que están en conflicto y se estaba acostumbrando a ello cuando había una vacación escolar y tenía que comenzar de nuevo.

PATRONES RELACIONALES

Las relaciones que se muestran entre los adultos de la familia del niño constituyen experiencias poderosas acerca de cómo organizarlas fuera de ella. Aunque los niños no puedan diferenciar entre respuestas útiles y dañinas a las situaciones, dependen de los adultos como ejemplo para ellos de lo que hay que hacer. La forma de mostrar esto a los niños puede contribuir u obstaculizar su capacidad de entablar relaciones.

Reflexión: ¿qué mensajes transmite la situación siguiente?

Un niño contempla a sus padres discutiendo y peleándose. Mamá le dice a papá que se vaya y mamá trae a un nuevo compañero. Mamá impide a papá ver al niño como una forma de castigarlo. Papá se niega a dar a mamá ningún dinero hasta que ella le deje ver al niño y trata de telefonear al chico para hablar con él. Mamá se niega a dejar que el niño hable con el padre o tenga algún contacto con él.

Mensajes que recibe el niño:

• Los conflictos no son resolubles.

• Las relaciones son reemplazables (la madre trae a un nuevo compañero).

• Las relaciones tienen que ver con el poder y el control.

| PARTE I. TEORÍA   © narcea, s. a. de ediciones

- Las relaciones no tienen que ver con el compromiso o la negociación.
- Las relaciones son confusas e imprevisibles.
- Mis pensamientos y sentimientos no importan.

Los niños traen consigo a la escuela sus patrones de cómo construir y mantener relaciones con ellos. Cada niño ya tiene incontables ejemplos de relaciones que han experimentado y de las que han sido testigos en la época en la que llegan a la escuela y sus experiencias en la escuela pueden reafirmarlos o cuestionarlos.

Mensajes negativos que los niños pueden aprender en la familia sobre las relaciones:

- Tienes que pelear por todo.
- Las relaciones son difíciles.
- No te fíes de nadie. Todo el mundo trata de hacerte daño.
- Es bueno ganar a otras personas.
- Tener sentimientos es una debilidad.
- Es bueno hacer daño a otras personas. No seas vulnerable.

Dentro de la familia, se espera que los padres se quieran y quieran también a sus hijos; pero esto puede ser difícil de hacer si el padre o la madre no ha tenido esa experiencia y no entiende cómo hacer esto. La experiencia de cómo se establecen y se organizan las relaciones entre hermanos dentro de la familia constituye una oportunidad muy útil para las familias de animar a los niños a practicar y desarrollar unas destrezas que pueden ser beneficiosas en la escuela y en la comunidad en general. Cuando los niños han tenido experiencias positivas de controlar los sentimientos de celos con los hermanos, además de abordar el conflicto y la competición de forma positiva, esto les permite transferir estas destrezas a experiencias en la escuela.

Los patrones relacionales con los que entran en contacto los niños se interiorizan y pueden hacerse realidad en la escuela. Los niños desarrollan su propia guía interna para hacer amigos y establecer relaciones con los adultos en la escuela y esto puede manifestarse en su conducta hacia otras personas.

AYUDAR A LOS NIÑOS A DESARROLLAR AMISTADES

Cuando los niños han tenido las experiencias descritas, es importante que la escuela reconozca que pueden no tener las destrezas sociales y emocionales adecuadas para su edad. Es vital que se evalúe a cada niño al respecto en vez de esperar que sean capaces automáticamente de gestionar las relaciones con los niños y con el personal de la escuela. Es crucial que la escuela apoye a los niños que no tengan las destrezas para construir y mantener amistades, en vez de castigarlos por no tenerlas.

El entorno de la escuela constituye la situación ideal para que los niños aprendan destrezas básicas de amistad y es útil explorar las oportunidades en la jornada escolar y en actividades extraescolares para ello. Los niños que tienen amigos se sienten felices, seguros de sí mismos y tienen un autoconcepto positivo. Son más capaces de centrarse en su aprendizaje y dedicarse a él, en vez de sentirse preocupados y ansiosos por su falta de amigos y por cómo se sienten consigo mismos. La escuela puede apoyar a los niños que necesiten ayuda adicional para construir destrezas de amistad utilizando un enfoque cariñoso que sea estimulante en vez de punitivo, que logrará unos resultados más positivos.

Los Programas de Trabajo en Grupo, que se desarrollan en la segunda parte del libro, dan la oportunidad para que los niños reciban apoyo adicional en su desarrollo social y emocional permitiéndoles desarrollar las destrezas necesarias para gestionar mejor las relaciones. Las actividades y tareas están ideadas para permitir que los niños practiquen destrezas sociales como poner en común, celebrar compromisos, negociar, esperar su turno, etc., que son destrezas que algunos niños no han tenido oportunidad de desarrollar fuera de la escuela.

El ambiente comprensivo creado por el facilitador de grupo permite a los niños experimentar comportándose de forma diferente y asumiendo un riesgo. Para los niños que carecen de resiliencia, de seguridad en sí mismos y de autoestima y no saben controlar sus relaciones de compañeros, la oportunidad de practicar estas destrezas en un ambiente seguro y comprensivo puede ayudarlos a eliminar sus sentimientos de vulnerabilidad y aislamiento.

El grupo puede animar a los niños para que tengan buenas sensaciones sobre sí mismos transmitiéndoles mensajes como: "Tú puedes aportar tus ideas y hacer las cosas bien, a la gente le gustas", que son ingredientes esenciales que permiten a los niños entablar y mantener amistades. El sentido de pertenencia creado por el hecho de estar en el grupo semanalmente permite a los niños construir una alianza con los otros en el grupo y les ayuda a entablar amistades, cosa que puede transferirse fuera del grupo.

Las actividades y tareas en los programas de trabajo en grupo permiten a los niños desarrollar sentimientos positivos sobre sí mismos a través de su conducta. Por ejemplo, una actividad de hacer algo para otra persona da la oportunidad de explorar cómo se siente esta y por qué. Esto desarrolla sentimientos positivos e incrementa la probabilidad de que la conducta se repita fuera del grupo, de manera que los niños activen de nuevo esos sentimientos sobre sí mismos.

El desarrollo de estas destrezas y la mayor conciencia de otras personas permiten practicar e implementar a diario las destrezas de amistad. Por ejemplo, un niño que haya sido antes callado y poco sociable puede hallar su voz y empezar a ofrecerse más a menudo a la maestra. Los beneficios que producen los programas de trabajo en grupo se discuten con más detalle en el capítulo 7.

Niños que necesitan ayuda con las amistades

Hay diversas razones por las que a algunos niños les resulta más difícil hacer amigos y ya hemos explorado algunas de ellas. Cuando un niño no tiene las destrezas necesarias para establecer conexiones con otras personas, pueden utilizar su conducta como forma de obtener una respuesta y hacerse notar; por ejemplo, un niño que empuja o da un codazo a otro para establecer un contacto es porque no tiene el lenguaje o las destrezas sociales para saber por dónde empezar. A los niños que les resulta difícil hacer y mantener amistades, el hecho de que parezca que no puedan establecer conexiones con otros niños puede reforzar su sentido de soledad y aislamiento.

Estudio de Caso

Katie, de 10 años, tenía muy poca seguridad en sí misma y no sabía cómo entablar y conservar amistades. Era muy escandalosa y derribaba a los niños cuando jugaba con ellos y lloraba inconsolablemente cuando la señalaban indicando que les había hecho daño. Su falta de resiliencia la llevaba a ser controladora y posesiva en las raras ocasiones en las que otros niños la incluían. En consecuencia, los otros niños comenzaron a evitarla.

Las destrezas sociales pobres, la vulnerabilidad emocional y la conducta desafiante de Katie se traducían en una forma de comportarse con un nivel evolutivo de una niña mucho más pequeña. Los otros niños comenzaron a burlarse de ella por esto y a decir que era un bebé. Esta espiral problemática es difícil de romper en la escuela sin ayuda, cariño y apoyo adicionales.

Estrategia del educador:

El libro de las cosas buenas

Para los niños como Katie, invente y elabore el "Libro de las cosas buenas de Katie" y busque cada día una cosa buena que ella pueda hacer para ayudar a sus compañeros o a otros miembros de la escuela.

Al principio, puede necesitar ayuda para descubrir lo que puede hacer, pero, poco a poco, anímela a que tenga sus propias ideas.

Anote esto a diario en su libro, que ella pueda adornar y guardar en su cajón en la escuela. Cada viernes, fotocopie la semana de cosas buenas para que ella se lo lleve a casa.

Esta actividad ayuda a identificar aspectos positivos del niño y se centra en encontrar cualidades que posea que podrían pasarse por alto debido a su conducta problemática. Eso construirá su seguridad en sí mismo y su autoestima cuando empiece a sentirse mejor consigo misma y se dé cuenta de que tiene algo que ofrecer. Las respuestas del resto del personal y de los niños ayudan a apoyar esto y permiten que se vea al niño de un modo más positivo. Gradualmente, será capaz de practicar sus destrezas sociales cuando se sienta más segura y tenga un sentido del yo más fuerte.

Reflexión: Piense en un niño que conozca y considere el patrón relacional del niño

- ¿Qué experiencia tiene el niño de las relaciones en casa?
- ¿Qué experiencia tiene el niño de las relaciones en la escuela?
- ¿Qué necesita? ¿Cómo puedo ayudarle en esto?

Niños que acosan

Los niños que atormentan, controlan o manipulan a otros niños pueden estar mostrando a los adultos que necesitan ayuda para mejorar sus destrezas sociales y emocionales. Cuando un niño exhibe alguna de estas conductas está comunicando claramente que es infeliz y necesita ayuda para sentirse mejor consigo mismo. Los niños que hacen daño a otros a propósito a menudo se están haciendo daño a sí mismos. Los niños que son felices y bien adaptados no necesitan hacer daño a otras personas. Posibles razones de que los niños acosen:

- Baja autoestima.
- Falta de seguridad en sí mismo.
- Sentido negativo del yo, por ejemplo: "Soy una mala persona, no soy suficientemente bueno".
- Ser acosado.
- Estar controlado fuera de la escuela, por lo que usa el control para sentirse poderoso.
- Falta de control y de opciones en casa.

Aunque para el personal de la escuela pueda ser un reto tratar de forma adecuada la conducta del niño, esta es la clave para posibilitar el cambio. Los niños que exhiben una conducta de acoso necesitan cariño y sentirse bien consigo mismos. Los niños que acosan necesitan:

- Oportunidades para desarrollar virtudes y cualidades personales.
- Tener opciones y contribuir a las decisiones cuando sea posible.
- Una relación positiva con una persona identificada que pueda llegar a conocerlo y apoyarlo para satisfacer sus necesidades de manera más positiva.
- Que el personal de la escuela demuestre interés por él y dedique tiempo a conocerlo para que se sienta más positivo con respecto a quién es.

Reflexión: Tratar con acosadores

- ¿Cómo trata su escuela a los niños que acosan?
- ¿Activa esto en ellos unos sentimientos más negativos e incrementa la aversión a sí mismos?
- Si es así, ¿cómo puede modificarse esta conducta?

Niños que han experimentado múltiples transiciones y cambios

Como mencionamos en el capítulo 2, los niños que han cambiado de casa y de escuela varias veces en su vida pueden necesitar más apoyo para hacer amigos y para adaptarse a la vida escolar. Esto puede lograrse facilitando la ayuda de algún adulto y preparando al grupo de clase para dar la bienvenida y acoger al recién llegado. La experiencia de un niño nuevo que empieza en una clase constituye una oportunidad ideal para trabajar con el resto de la clase los sentimientos y qué se puede hacer para ayudarle. Una forma útil es presentar conceptos como empatía, apoyo, compasión, trabajarlos para comprenderlos y desarrollar nuevas destrezas. La maestra puede tener en cuenta el entorno de clase y dónde se sentará el niño nuevo, quién puede ser su amigo más directo y cuándo y cómo se revisará esto.

Los niños que experimentan muchos cambios de escuela también necesitan la oportunidad de experimentar un final positivo en la escuela que dejan. Se pueden hacer fotografías al niño en diversos lugares, como el comedor, el patio de recreo, etc. y elaborar un álbum con ellas. El resto de la clase puede dedicar un tiempo a hacer una tarjeta individual o de toda la clase para que se la lleve cuando deje la escuela. Dé a los niños un final de curso positivo en su escuela de manera que puedan tener un inicio más positivo también en su nueva escuela.

CÓMO ACTUAR ADECUADAMENTE CON LOS NIÑOS

A la inmensa mayoría de los adultos que optan por trabajar en escuelas les gusta trabajar con niños y disfrutan en su compañía. La clave de una buena relación, incluyendo las relaciones entre el personal de la escuela y los niños, es la *capacidad de autorreflexión*. Esto implica una evaluación sincera de los siguientes aspectos:

- ¿Ante qué reacciono y por qué?
- ¿Qué me cuesta hacer y por qué?
- ¿Qué pienso sinceramente de los niños que muestran una conducta problemática y por qué?
- ¿Qué pienso sinceramente los niños que acosan y por qué?
- ¿Qué pienso de los niños que mienten y por qué?
- ¿Qué pienso de los niños que roban y por qué?
- ¿Qué pienso de los niños que agreden a otros niños y adultos y por qué?
- ¿Soy tan feliz como podría serlo con las relaciones que tengo con los niños?

Cuanto más sinceros sean los miembros del personal de la escuela consigo mismos acerca de las conductas y las relaciones que les resulten difíciles y sus causas, más capaces serán de cambiarlas y mejorar las relaciones que tienen con los niños en su escuela. Hacer esto puede ser una tarea compleja y dolorosa, pero también puede ser una experiencia liberadora que lleve a que el personal no castigue a los niños por su conducta a causa de cómo se sientan.

Algunos niños pueden suscitar sentimientos difíciles en los adultos y el personal de la escuela puede empezar a comportarse de forma diferente con ellos; por ejemplo, si un niño ha sido grosero o irrespetuoso, puede ser difícil ignorarlo o no ser más estricto con él la siguiente ocasión. Es esencial que los docentes sean capaces de separar la conducta del niño y recordar que esta es la forma de comunicarse del niño; no es un ataque personal o una forma delibera- da de hacerle más difícil el día. Examine lo que esté motivando su respuesta a un niño y asegúrese de que está respondiendo de forma adulta y no se encierre en una lucha de poder con él.

Si el personal de la escuela está comprometido a tener mejores relaciones con los niños y son capaces de reflexionar sinceramente sobre los obstáculos que impiden conseguirlo, habrán iniciado la ruta para lograrlo. La actividad siguiente puede implementarse utilizando una clase para cada medio trimestre y es una forma útil de evaluar sus relaciones con los niños.

Cada miembro del personal de la escuela tendrá su propia historia y su expe- riencia que llevará con él al trabajo cada día. Esto puede haber sido un hecho positivo o negativo y puede influir en sus experiencias actuales en la escuela. Puede afectar a su modo de interactuar con los niños, sus creencias sobre la conducta y a cómo debe responderse a ella, y a cómo se sientan en su trabajo.

Reflexión: Piense en un niño que le resulte problemático o difícil.

- ¿Qué es lo que le parece difícil?
- ¿Lo desafía o lo debilita?
- ¿Cómo le hace sentirse?
- ¿Por qué cree que hace eso?
- ¿Qué puede hacer para mejorar su relación con el niño?
- ¿Cómo se sentiría si lo lograse?

Tanto el personal de la escuela como los niños llevan a diario al entorno escolar experiencias e ideas. Los niños llevan sus propias experiencias de cómo se controla la conducta en casa y en la comunidad, junto con actitudes hacia la escuela y el aprendizaje y un código de conducta aceptable que hayan apren- dido. Los adultos tienen sus propias experiencias de la programación de la infancia que llevan consigo a la edad adulta. El personal de la escuela lleva sus propias expectativas acerca de cómo debe controlarse la conducta, sus propias actitudes hacia la escuela y el aprendizaje junto con el código de conducta acep- table que hayan aprendido. Cuanto más compatibles sean estas, mayor es la probabilidad de que se produzcan unas experiencias relacionales satisfactorias para el personal y para los niños.

En su viaje cotidiano al trabajo pregúntese: ¿Cómo me siento? ¿Qué llevo conmigo hoy a la escuela? ¿Qué puedo hacer para asegurarme de que no voy a tener ninguna influencia negativa en mis relaciones y en mi jornada?

CALIDAD DE LAS RELACIONES ENTRE EL PERSONAL Y LOS NIÑOS

La calidad de la relación entre el personal de la escuela y el niño afecta al maestro, tanto emocional como profesionalmente, y al niño en relación con el resultado, el rendimiento y el sentido positivo del yo. La percepción que el niño tenga del personal afecta a la relación entre ellos y a los esfuerzos del personal para atraer y motivar al niño. Hay algunos niños con los que resulta muy fácil que el personal tenga una buena relación. Estos niños son a menudo seguros de sí mismos, se expresan con claridad y es agradable pasar el tiempo con ellos. Son obedientes y responden bien a las interacciones y los elogios del adulto.

Sin embargo, los niños que para el personal son más problemáticos y con los que es más difícil pasar el tiempo son los que más lo necesitan. Estos niños pueden mostrarse hostiles, discutidores e irrespetuosos. Puede parecer que no tienen interés por entablar relaciones con el personal de la escuela y que complican las situaciones para hacer la vida de la escuela lo más difícil posible para ellos mismos y para quienes los rodean. No es sorprendente, por tanto, que la mayoría del personal no quiera tratar de entablar una relación con ellos.

Cuando un profesor de apoyo trabaja individualmente con un niño, la relación entre ellos puede ser muy intensa. A veces el niño que más ayuda necesita con respecto a las relaciones, con niños o con adultos, es el que tiene un profesor de apoyo y esto puede contribuir a la necesidad de ayuda extra y de orientación de la persona que desempeña este papel en la escuela. Estos trabajadores realizan una valiosa función garantizando que los niños puedan desarrollar todo su potencial, pero ese papel no está exento de dificultades. Por ejemplo, a un niño puede resultarle difícil tranquilizarse y participar cuando el profesor de apoyo no está presente, mostrarse celoso o no soportar compartirlo con otros niños en clase y en la escuela. Es crucial que se explique claramente su papel a ambos, tanto al niño como al profesor para asegurarse de que sea más fácil abordar estas situaciones.

La escuela puede ofrecer apoyo al niño con respecto a estos cambios y facilitarle explicaciones y advertencias previas. Por ejemplo, un niño podría ir a otra clase a trabajar con una maestra a la que conozca bien si su profesor de apoyo tiene que ir a una reunión y puede resultar difícil controlar su conducta en clase sin él. Esta es una oportunidad útil para hacer cambios adecuados a fin de satisfacer las necesidades del niño y no supone recompensarle por su conducta. Es importante que esto se explique a todo el personal de la escuela para asegurar la comprensión de todo el equipo docente y discutir por qué se implementa este cambio.

CONSTRUIR RELACIONES POSITIVAS

Merece la pena explorar qué oportunidades existen en la escuela de construir relaciones entre el personal y los niños y cómo pueden incrementarse. En el aula hay situaciones que pueden adaptarse para desarrollar las relaciones de un modo más completo; por ejemplo, durante el juego en días de lluvia, cuando no es posible que los niños salgan fuera o en el tiempo de libre elección, conocido como "hora dorada" en algunas escuelas. Aunque se podría dedicar este tiempo a corregir ejercicios o preparar clases, es un buen momento para desarrollar las relaciones con los niños y ver otros aspectos de sus personalidades de un modo informal, relajado y divertido.

La experiencia de pasar individualmente algún tiempo con un adulto de la escuela puede parecerles terrorífica a algunos niños. Es posible que, a estos niños, las relaciones con los adultos les hayan resultado imprevisibles e inconsistentes y quizá hayan desarrollado esta evitación como una estrategia de afrontamiento y como un modo de sentirse seguros. Tienen que ser capaces de estar muy próximos a un adulto y seguir sintiéndose seguros y dueños de sí mismos. Una forma útil de conseguir esto puede ser ofrecerle la oportunidad de que escoja a un amigo para que ambos hagan un trabajo con usted. Esto les da pie para estar a su lado o distantes de usted según haga falta. Gradualmente, a medida que, con el tiempo, tenga más confianza con usted, estará más relajado y podrá iniciar esto por su cuenta. Es esencial que se le estimule para construir la relación y que no se le apresure porque esto puede llevarle a que se sienta ansioso y agobiado.

Qué ocurre cuando un maestro abandona la escuela

La salida de un miembro del personal de la escuela, sea durante el curso o al final del mismo, puede causar gran impacto en algunos niños. Es importante que las escuelas consideren cómo se comunica esto a los niños y cuándo se les dice. Algunos niños entablan relaciones muy fuertes con algunos maestros y se quedan destrozados cuando estos se marchan. Para ellos puede ser una pérdida enorme y es preciso tratar la cuestión con reflexión y sensibilidad. Los niños tienen que saberlo y no se les puede dar la noticia el día de la partida. El final ha de señalarse de alguna manera y a los niños hay que darles la oportunidad de hacer tarjetas o dibujos si lo desean. Ellos necesitan explicaciones claras y sinceras y la oportunidad de hacer preguntas con el fin de entender lo que ocurre.

Cuando los niños han experimentado la entrada y la salida de adultos en sus vidas o la desaparición de la noche a la mañana debido a la ruptura de la relación, es esencial que las escuelas les aporten una experiencia comprensiva y tranquilizadora del final de la relación con un adulto.

¿Cómo experimentan los niños las relaciones con el personal de la escuela?

Como comentamos antes, cada niño lleva a la escuela su propio patrón de relaciones basadas en sus experiencias fuera de la escuela. Las relaciones con el personal en la escuela pueden constituir un patrón diferente para algunos niños. Los niños que han desarrollado la vigilancia como forma de sentirse seguros pueden percatarse de las respuestas no verbales y verbales a las situaciones. Por ejemplo, si un miembro del personal está frecuentemente de pie con los brazos cruzados, normalmente con el ceño fruncido y parece enfadado; ¿Qué puede comunicar esta persona a un niño? Con el fin de que el personal de la escuela entable unas relaciones positivas, tienen que ser conscientes de la importancia de todas y cada una de sus interacciones con los niños.

Reflexión: ¿Hasta qué punto es usted accesible?

- ¿Sonríe a los niños cuando los ve?
- ¿Demuestra a los niños que pueden confiar en usted?
- ¿Demuestra interés por los niños?
- ¿Anima a los niños a que hablen con usted, si quieren?
- ¿Escucha y pone atención cuando los niños hablan con usted?
- ¿Apoya a los niños respecto a sus sentimientos?

El reconocimiento de su papel en la escuela puede ayudar también a apoyar este proceso; por ejemplo, ofrecer ayuda a un niño que está siendo acosado diciendo: "A veces los adultos pueden ayudarte en algunas situaciones" o "Mi trabajo consiste en mantenerte seguro". Estas respuestas son particularmente importantes para niños que han aprendido la autosuficiencia como mecanismo de afrontamiento a fin de sentirse seguros. Si el personal escucha los pensamientos, ideas y opiniones de los niños, ellos se sienten escuchados y valorados y pueden estar más inclinados a repetir esta conducta.

Cuando el personal de la escuela responde a las ansiedades y temores de los niños desde la compasión y la comprensión, en vez de ignorarlos considerando esas cosas como tonterías sin importancia, están validando la experiencia del niño y permitiéndole sentirse seguro y apoyado en la escuela. En la escuela, es esencial que el personal se responsabilice de sus propios errores y los reconozca y se disculpe cuando hagan mal las cosas. No podemos esperar que los niños se disculpen por algún error si los adultos no son capaces de hacerlo.

Cuando los niños interrumpen con frecuencia a los maestros y les resulta difícil esperar a que los escuchen, podemos estar ante un indicio de que en casa no los escuchan. Es importante ser conscientes de cómo se les responde en la escuela a los niños que interrumpen: ¿se los critica o humilla, suscitando así sentimientos de vergüenza en el niño, o se les responde de forma comprensiva? A los niños (y a algunos adultos) les resulta muy difícil no decir lo que se les pasa por la cabeza de inmediato. Es útil y un apoyo para la seguridad del niño en sí mismo y para su autoestima que se los elogie por ser pacientes en vez de penalizarlos por ser impacientes.

Durante el programa de trabajo en grupo, atiendo al niño que interrumpe diciendo: "Es difícil esperar cuando tienes algo que quieres decir, pero trata de recordarlo y volveré a atenderte en un minuto", o me centro en su capacidad de ser paciente diciendo: "Muy bien por ser tan paciente: eso puede ser difícil de hacer". Estas respuestas apoyan al niño tratando de cambiar su conducta, en vez de una respuesta punitiva que pueda hacerle sentir incómodo.

Cuando los niños sienten que su opinión importa, eso les permite formular sus propias ideas, tomar decisiones y valorar lo que piensan. Esto es esencial para el desarrollo de la seguridad en sí mismo y la autoestima y para cultivar un sentido fuerte de valía personal. Cuando se estimula a los niños para que tengan sueños y aspiraciones y el personal de la escuela responde a ellos de forma positiva, envía un mensaje de esperanza y transmite que se pueden conseguir las cosas. Esta respuesta motivadora puede ayudar a los niños a creer que las cosas son posibles y a trabajar para conseguirlas.

Qué ejemplifica el personal a través de sus relaciones mutuas

Durante toda la jornada escolar, los trabajadores de la escuela están interactuando entre ellos y trabajando unos con otros. El personal de la escuela tiene incontables oportunidades de dar ejemplo con formas positivas de interactuar y demostrar unas relaciones de trabajo armoniosas. Es útil considerar las relaciones entre ellos y los mensajes que transmiten a los niños; por ejemplo, ¿piensa un niño: "La profesora de 3.º A debe odiar a la de 3.º B: siempre está quejándose de ella"? Esta respuesta no solo es poco profesional e inapropiada para que la presencie un niño, sino que también comunica algo acerca de cómo afrontar un conflicto, es decir, quejarse en vez de hablar con la persona y tratar de descubrir cuál es el problema.

Los adultos que trabajan con niños tienen la responsabilidad de mostrar formas adecuadas de expresar sus propios sentimientos y de ocuparse de ellos; por ejemplo, compartiendo el entusiasmo por una excursión escolar. ¿Qué mensajes comunican las conductas siguientes a los niños? Los trabajadores del centro educativo:

- Se muestran negativos con respecto a los demás.
- Se burlan unos de otros.
- Se desafían unos a otros de forma agresiva.
- Se piden ayuda unos a otros.
- Se ayudan unos a otros.
- Se apoyan y estimulan unos a otros.
- Están relajados con los demás.
- Se respetan mutuamente.
- Valoran las opiniones de los demás.
- Se comunican con facilidad y claridad.

Cuando los niños tratan de seguir el camino cotidiano de su vida en casa con una acción parental imprevisible e inconsistente, no tienen un mapa que los ayude a dar un sentido a las cosas. En la escuela reciben un mapa claro en cuanto a normas y límites, pero quizá necesiten ayuda adicional para comprenderlo y seguirlo. La mayor conciencia del personal de la escuela acerca de esta necesidad para algunos niños permite dar oportunidades para apoyarlos durante la jornada escolar. Si los niños se sienten felices, seguros, adaptados y a salvo en la escuela, con el apoyo del personal serán capaces de centrarse y de estar preparados para aprender. Tienen la capacidad de realizar todo su potencial. ¿Cuántos niños de su escuela se sienten así cada día y qué puede hacer para mejorarlo?

6. Los educadores pueden mejorar el bienestar de los niños

No puede subestimarse el importante papel que el personal de la escuela puede desempeñar contribuyendo al bienestar emocional de los niños. Cada adulto que trabaja en una escuela tiene la responsabilidad de apoyar la salud emocional de los niños y contribuir a asegurar que se sientan bien consigo mismos todos los días.

La calidad de la relación entre adultos y niños es crucial y toda interacción puede tener un resultado positivo y significativo. Todo lo que usted diga y haga puede afectar a los niños bien de forma positiva, bien de forma negativa; puede reforzar o mermar su autoestima y su sentido del yo. Tenemos que considerar cuidadosamente lo que decimos y cómo lo decimos, puesto que esto puede causar gran impacto en un niño. Nuestra expresión facial, nuestro lenguaje corporal y nuestro tono de voz tienen significado, y el niño que es el receptor final los interpretará. Esto es de vital importancia para los niños que están muy atentos a cada movimiento del adulto. Pueden estar vigilantes y tratar de traducir cada movimiento y cada gesto, así como las palabras que se digan.

Cuando los niños han tenido experiencias negativas de cómo los perciben los adultos, son especialmente competentes a la hora de buscar pruebas que validen esta visión negativa de sí mismos. Gestos como cuando el adulto gesticula con los brazos, incluso por entusiasmo, pueden causar ansiedad y aumentar los niveles de estrés en niños que conviven con la imprevisibilidad. El uso de un tono suave puede hacer mucho para establecer una relación segura cuando un niño se siente ansioso y asustado.

Reflexión: Piense en los cambios que pueda hacer

- ¿Qué puedo hacer hoy para cambiar significativamente algo para un niño o una niña en la escuela?

- ¿Supondrá esto una pequeña diferencia para mí pero una gran diferencia para el niño?

- ¿Hasta qué punto estoy comprometido para cambiar significativamente algo en la vida del niño?

PROBAR FORMAS ALTERNATIVAS DE RESPONDER A LA CONDUCTA DEL NIÑO

A lo largo de este libro he estado animando al personal de la escuela a probar diferentes estrategias para abordar la conducta de los niños. Puede ser fácil hacer las cosas como se han hecho siempre y difícil ser lo bastante valientes para experimentar con otra forma de actuar. Sin embargo, como hemos comentado en los capítulos anteriores, las relaciones significativas que pueden desarrollarse en los entornos escolares entre el personal de la escuela y los niños permiten vivir nuevas experiencias tanto a los niños como a los adultos. Cuanto más puedan llegar a conocer y a comprender los trabajadores de la escuela a los niños, más capaces serán de dar respuestas adecuadas a la conducta para satisfacer sus necesidades.

Estudio de Caso

A Natalia, de 9 años, le resultaba extraordinariamente difícil centrarse en su aprendizaje incluso durante muy poco tiempo. Era muy habladora y a menudo distraía a los otros niños que se sentaban cerca de ella.

Respuesta de la maestra

Su maestra se dio cuenta de que esto era algo que a Natalia le resultaba difícil y necesitaba ayuda al respecto, por lo que le daba respuestas positivas para ayudarla a hacer cambios en su conducta. Cuando Natalia hablaba en alto en clase, ella le respondía diciendo: "Natalia, puedo oírte desde aquí. Bien por hacer tu trabajo. Sé que estás leyendo la pregunta, pero vamos a ver si puedes bajar el volumen, por favor".

Resultado

Natalia respondió a esta respuesta simpática y amable sonriendo y siguiendo con su trabajo.

Aunque es posible que la respuesta de esta maestra no produzca el mismo efecto con otros niños, si el personal de la escuela es capaz de pensar un minuto antes de responder a la conducta, puede adaptar sus respuestas para satisfacer las necesidades individuales del niño. Esto puede llevar a que el niño se sienta más comprendido y tener un resultado positivo tanto para los adultos como para el niño.

Centrarse en las expectativas conductuales

A veces, dirigirse a toda la clase o hacerse preguntas en voz alta puede ser una forma útil de apoyar a determinados niños para que traten de cambiar su conducta y puede ser menos punitiva que dirigirse a los niños concretos en cuestión. Por ejemplo, cuando el ruido de la clase aumenta, puede ser útil reconocerlo, diciendo: "Hay mucho ruido y estoy tratando de descubrir de donde viene", o "el volumen ha vuelto a subir; vamos a procurar bajarlo de nuevo, por favor". Ambas intervenciones comunican con toda claridad una expectativa conductual con respecto a toda la clase y constituyen formas amables de ayudar a los niños a conseguirlas. El cambio conductual puede reconocerse y elogiarse, por ejemplo: "Eso está mucho mejor. Muy bien por hacer lo que os he pedido".

Conseguir que todos los niños tengan claras las expectativas conductuales del profesorado con respecto a ellos puede facilitarles el trabajar juntos y apoyarse unos a otros para conseguirlo. La atención a la conducta que desea ver y la validación de la misma, en vez de centrarse en la conducta indeseada, proporciona un refuerzo positivo a todos los niños. Esto es particularmente importante para los niños que tienen la experiencia opuesta a ello fuera de la escuela, pues son capaces de alcanzar un nivel de éxito y un sentido de logro en la escuela, aumentando su deseo de repetir esta conducta.

Esta estrategia es una forma amable de recordar a la clase su expectativa conductual de que le presten atención cuando se lo pida.

Pasar tiempo extra con los niños

Invertir solo cinco minutos al día con un niño puede tener un impacto enorme. He animado a los miembros del personal de la escuela a hacer esto a la hora de la comida, mientras están ordenando la clase o saliendo con ellos, y eso ha facilitado a los niños una experiencia diferente de relación con el adulto. El niño puede estar afilando lápices o sacando libros y permite que tenga lugar una interacción informal y que se desarrolle la relación. El mensaje que da a los niños es positivo en cuanto a la validación de quiénes son.

En capítulos anteriores, he comentado la importancia de esto y cómo puede facilitar que se reescriba su diálogo interior; por ejemplo: "Si mi profesor me ha escogido a mí para hacerle un trabajo para él a la hora de la comida, puede que yo no sea una mala persona". El resultado para el niño es beneficioso en cuanto a experiencia de relación y a desarrollo de la seguridad en sí mismo y de la autoestima.

El sentido de finalidad e importancia desarrollado al ofrecer a los niños la oportunidad de ayudar en tareas les permite sentirse mejor consigo mismos. No obstante, es necesaria cierta precaución para asegurarse de que los niños no sientan que solo tienen valor e importancia cuando ayudan a otras personas, por lo que hay que tener en cuenta esto cuando se designe a los niños que puedan beneficiarse de esta aportación adicional.

Reflexión: ¿Qué hago?

- ¿Con qué frecuencia muestro interés por los niños?
- ¿Recuerdo las cosas que me dicen?
- ¿Me acuerdo de preguntarles por las cosas que me han dicho?

SER ADULTOS SIGNIFICATIVOS

Una de las alegrías de trabajar en escuelas puede ser la oportunidad de entablar relaciones de un modo informal con los niños. Estas conversaciones momentáneas que tienen lugar en el pasillo y que nos proporcionan una visión de la vida de los niños son muy importantes para el establecimiento de nuestra relación. Puede ser muy difícil retener algo de esta información, por no hablar de acordarnos de preguntar de nuevo por ella. Sin embargo, si somos capaces de hacerlo, puede tener un impacto enorme. Como adultos, sabemos cómo sienta que alguien se acuerde de preguntarnos por algo que hayamos comentado con esa persona; nos sentimos escuchados, comprendidos y validados como personas importantes y dignas de pensar en ellas y de ser recordadas.

Imagine cómo se sentirá un niño, especialmente uno que no esté acostumbrado a que le ocurra esto e imagine lo bien que le hará sentir esto. Para un niño que no esté acostumbrado a que los adultos de fuera de la escuela le presten mucho interés, el hecho de que un adulto le pregunte en la escuela si su perro está mejor o cómo es su nuevo hermanito puede hacerle sentir especial e interesante.

Reflexión: Dibuje el recorrido de su vida

- En una hoja grande de papel, dibuje el recorrido de su vida desde los cinco años hasta ahora.
- Incluya situaciones, personas y acontecimientos significativos.
- Reflexione sobre dónde y cómo le influyeron otras personas.
- ¿Qué dijeron e hicieron? ¿Cómo le hicieron sentir?
- ¿Puede hacer ahora, en la escuela, eso mismo a un niño?

TRANSMITIR A LOS NIÑOS MENSAJES POSITIVOS

Estoy segura de que todos recordamos a personas significativas que han tenido una influencia en nuestra vida. Pueden haber influido en nuestra forma de pensar y ver las cosas o en las elecciones que hacemos ahora en nuestra vida. Cuando yo tenía 10 años, recuerdo que mi maestra me llevaba con ella a la sala de profesores cuando tenía su tiempo de preparación porque yo era demasiado inquieta para dejarme en el aula sin estar ella. Solía dibujar líneas con lápiz en mi cuaderno y yo tenía que escribir debajo de la línea inferior para ayudarme a practicar mi escritura a mano que era muy descuidada. Recuerdo que me sentía muy importante, contenta porque ella quería ayudarme y dispuesta a mejorar mi escritura. Mi escritura mejoró mucho aquel año por el tiempo que me dedicó mi maestra y por los mensajes que me transmitió acerca de que quería ayudarme.

Estrategia del educador:

Escoja a un niño

Elija a un niño que crea que se beneficiaría de cierta ayuda de un adulto. Escoja una cosa que usted podría hacer cada día durante una semana para transmitirle un mensaje positivo. Puede utilizar las ideas de la lista que muestro a continuación o pensar en otras que se le ocurran:

- Pregúntele cómo le va el día.
- Pregúntele si le gustaría ser ayudado para hacer un trabajo con un amigo suyo.
- Reconózca algo positivo de él.
- Recuerde algo bueno de él y compártalo con él.
- Pregúnte algo sobre él. Invítele a que se lo cuente.

No subestime el papel crucial que puede desempeñar en el cambio de la experiencia de vida y las relaciones de un niño. Puede no ser inmediatamente notorio o mensurable directamente, pero usted nunca sabe qué semillas ha plantado ni cuándo crecerán. Todo el personal de la escuela tiene la responsabilidad de invertir tiempo, reflexión, energía y compromiso en estudiar cómo puede contribuir al bienestar emocional del niño y reforzarlo a diario. Cada empleado de la escuela tiene un papel que desempeñar para ayudar a los niños a desarrollar todo su potencial. Usted tiene que creer que puede cambiar las cosas y comenzar a hacerlo hoy mismo.

Estudio de Caso

El caso de Jim. De 0 a 10 años, Jim está oyendo a diario en casa que es una mala persona. Su conducta en la escuela es problemática y molesta. Al personal de la escuela le resulta difícil controlar su conducta e inconscientemente refuerza los mensajes que el niño ha recibido en casa de que es una mala persona.

Desde los 10 a los 20 años, a Jim le cuesta mantener sus amistades y relaciones y a menudo tiene problemas con la policía.

De los 20 a los 30 años, Jim critica la conducta de sus propios hijos y le cuesta controlarla y tener una buena relación con ellos.

De los 30 a los 40 años, los hijos de Jim no quieren verlo y él bebe mucho para ahogar la voz interna que sigue diciéndole que es una mala persona.

- Imagine que a los 10 años Jim hubiese sido alumno de su escuela.
- Imagine que le hubiesen colmado de mensajes que le dijeran que era una buena persona.
- Imagine que hubiese experimentado que el personal de la escuela le demostrara que era una persona digna de confianza, con buenas cualidades que compartir con el mundo.
- Imagine que hubiese llevado consigo cuando dejó la escuela esa seguridad en sí mismo y esa autoestima y sentido positivo de sí mismo.
- Imagine cómo podría haber sido su vida a los 20, los 30 o los 40 años.
- Imagine si hubiese tenido la suerte de ir a su escuela.

HACER DE LAS ESCUELAS UNOS LUGARES MÁS ALEGRES

Deténgase un minuto y hágase las preguntas siguientes:

- ¿Por qué quise trabajar en una escuela?
- ¿Qué quería conseguir?
- ¿Lo he conseguido?
- ¿Qué puedo hacer mañana para que la escuela sea un lugar más alegre para los niños?

Con el fin de hacer de la escuela un lugar más alegre para los niños, los padres y el personal que la utilizan, cada trabajador podría aportar alguna cosa cada día. Esto puede contribuir a cambiar la atmósfera y el carácter distintivo de la escuela y puede conseguirse si todos demuestran su compromiso. La calidad de las relaciones entre niños, padres y personal puede cambiar sonriendo mientras se camina en torno a la escuela.

Yo trabajo en varias escuelas diferentes durante la semana y, ciertamente, no conozco los nombres de todos los niños y padres, pero les sonrío cuando paso por la escuela, le doy las gracias a los niños si mantienen abierta la puerta para mí (cosa que hacen con frecuencia), diciéndoles: "Gracias por sostenerme la puerta, eres muy amable", o: "Eres muy atento". Esto hace saber al niño que no solo aprecio que me sostengan la puerta, sino también que lo considero amable o atento.

¿Cuántas veces vemos que los niños nos muestran una conducta amable, cariñosa, atenta en la escuela pero optamos por pasarlo por alto o estamos demasiado ocupados para hacerlo notar? Comprometámonos a cambiar esto y facilitaremos a los niños sentimientos positivos acerca de quiénes son y qué hacen tantas veces como podamos durante cada jornada escolar. Si creemos en los niños, hagamos que crean ellos en sí mismos.

Todo niño tiene derecho a ser feliz, a encontrarse adaptado y a realizar todo su potencial en la escuela; ¿es así para todos los niños de su escuela? Si no, ¿hay algo que pueda hacer usted para cambiarlo?

Cómo utilizar
el Trabajo en Grupo
para promover
la salud emocional
de los alumnos
y mejorar
su conducta

7. Los beneficios del Trabajo en Grupo

La segunda parte de este libro persenta cómo el Trabajo en Grupo implica un enfoque centrado en ayudar a los niños a afrontar muchas de las cuestiones discutidas en la primera parte. Las Sesiones del Programa de Trabajo en Grupo constituyen un entorno seguro y estructurado que permite que los niños practiquen y desarrollen nuevas destrezas.

El grupo de amistad apoya a los niños que requieren apoyo adicional para entablar y mantener amistades, gestionar las relaciones y afrontar los conflictos. El grupo de autoestima ayuda a los niños que requieren apoyo adicional para desarrollar más seguridad en sí mismos y su autoestima. Los niños pueden desarrollar destrezas participando en ambos programas y también contribuyen al desarrollo de la resiliencia.

El Programa de Trabajo en Grupo que sugiere este libro está cuidadosamente estructurado y las actividades son claras, sencillas y fáciles de seguir porque la atención se centra en las relaciones dentro del grupo y en facilitar que los niños intenten cambiar su conducta.

Las reglas para el grupo se negocian y acuerdan con los niños al principio de la primera semana y se revisan al principio de cada sesión. Esto se discute con más detalle en el capítulo 8. Se estimula a los niños para que decidan las reglas y aporten ellos mismos las ideas, dándoles la oportunidad de que se los escuche y se los valore por su opinión, así como por ser capaces de aprender sobre las elecciones, las consecuencias y la responsabilidad. Las reglas pueden añadirse cada semana a medida que los niños alcancen mayor seguridad en sí mismos.

El facilitador de grupo puede garantizar que se introduzcan ciertas reglas cada semana si estas respaldan el desarrollo de nuevas destrezas para los niños, por ejemplo, presentando la idea de ser paciente si a los niños esto les resulta difícil. La forma exploratoria utilizada por el facilitador para presentar esta idea permite que tenga lugar una discusión acerca del significado de la palabra y de cómo pueda utilizarla el grupo. *Este enfoque centrado en el niño* puede llevar a una comprensión más clara de ellos y a una implementación más decidida de su bienestar emocional.

TRABAJAR EN GRUPO ES UNA OPORTUNIDAD PARA CAMBIAR LA CONDUCTA

La experiencia de formar parte de un pequeño grupo en un entorno seguro y comprensivo permite a los niños experimentar con formas de comportarse diferentes si ellos lo desean. El facilitador de grupo promueve el proceso mediante elogios y estímulos, reconociendo lo difícil que puede resultar hacer cambios.

Sally, de 10 años, estaba entusiasmada por estar en un grupo de amistad y se mostraba muy habladora y llena de ideas para aportar como reglas del grupo. Otro miembro del grupo sugirió la regla de "escuchar al otro", con la que Sally estaba muy de acuerdo, aunque le costaba mucho cumplirla. Seguía interrumpiendo a los demás niños y a ellos les resultaba muy molesto.

Posibles razones del comportamiento de Sally:

- Era la intermedia de una familia de siete hijos y había aprendido a interrumpir para tratar de hacerse oír.
- La madre había tenido una depresión posparto tras el nacimiento de los dos últimos niños y le estaba costando mucho atender a sus hijos y dedicarles tiempo a todos ellos.

El profesor de apoyo que actuaba de facilitador del grupo comentó las dificultades de Sally para cumplir la regla diciéndole: "Parece que tienes tanto que decir que te resulta verdaderamente difícil cumplir esta regla, pero recuerda que aquí todos hemos de tener tiempo para hablar". Esta reflexión reconocía la dificultad que estaba teniendo y la animaba a tratar de practicar sus destrezas de escucha en el grupo. Sally era capaz de detener su conducta de "prestadme atención" y esperar su turno, a la vez que desarrollaba su confianza en el facilitador. Esto le permitió utilizar la experiencia de estar en el grupo, como oportunidad para practicar el cambio de una conducta que a ella le resultaba difícil. Poco a poco aprendió a adaptar su conducta e incluso a transferirla fuera del grupo. Al final de las sesiones de trabajo en grupo, la maestra comentó que Sally interrumpía menos la clase y respetaba más los turnos.

La retroinformación y el apoyo proporcionados por los demás niños del grupo y por el facilitador le permitieron recibir feedback sobre un aspecto problemático de su conducta y experimentar una conducta nueva en un entorno seguro. El facilitador pudo ver y reconocer sus progresos cada semana y comentar: "Veo que estás trabajando mucho para cambiar tu forma de actuar". Esto estimuló a Sally para perseverar y hacer cambios positivos en su comportamiento. El formato de las sesiones le daba una sensación de estabilidad que le permitía sentirse segura para experimentar cambios.

El estímulo del facilitador y su comprensión de la conducta de Sally ayudó a conectarlos en vez de separarlos cuando trabajaban juntos para facilitar este cambio. Ella pudo desarrollar su autoconciencia y darse cuenta del impacto de su conducta en los demás niños del grupo. Esta autoconciencia mejorada le permitió trabajar en aspectos cambiantes de su conducta de un modo positivo. La oportunidad de practicar y desarrollar la autorregulación en el grupo aumentó la probabilidad de continuarla fuera del grupo.

Los ejemplos mostrados en la tabla 7.1 están tomados de niños que han participado en el Programa de Trabajo en Grupo.

Tabla 7.1. *Impacto del Programa de Trabajo en Grupo*

Conducta antes del grupo	Conducta después del grupo
Necesita muestras frecuentes de aprobación por parte del adulto	Más seguro de sí y menos demanda de atención del adulto
Copia del trabajo de otros niños	Trabaja por su cuenta
No aporta ideas a las discusiones de clase	Feliz por compartir sus pensamientos
Grita constantemente	Es capaz de esperar su turno y ser paciente
No quiere mostrar su trabajo	Está orgulloso por compartir su trabajo
Está callado y es reservado	Habla y tiene más seguridad en sí mismo
Habla con frecuencia de sí mismo y apenas de otras personas	Entabla amistades positivas y demuestra interés por otras personas
Interrumpe con frecuencia	Es capaz de esperar su turno
Se distrae con facilidad y muestra poca concentración	Concentración y período de atención mejorados
Cuenta mentiras sobre otros niños	Más popular; ya no cuenta mentiras
No para quieto y está nervioso	Más tranquilo y centrado
Rabietas periódicas y arrebatos de cólera	Más tranquilo y feliz consigo mismo

SENTIDO DE PERTENENCIA Y DE CONSISTENCIA

Las reglas del grupo son claras y se idean con aportaciones de los niños, permitiéndoles tener una sensación de pertenencia y de inclusión mientras desarrollan las destrezas sociales necesarias para que el grupo funcione con eficacia. Este sentido de pertenencia y la experiencia de que su voz sea escuchada son particularmente importantes para los niños que quizá no tengan esta experiencia en casa o que puedan sentirse marginados en el resto de su vida escolar.

Algunos niños pueden experimentar sensaciones de soledad, aislamiento y rechazo tanto en casa como en la escuela y la oportunidad semanal de formar parte de algo, puede ayudarlos. Este sentido de pertenencia y la sensación de que tienen algo de valor que aportar puede permitirles desarrollar sentimientos positivos sobre sí mismos, produciendo en ellos mayor seguridad y mayor autoestima. Los niños quieren y necesitan: ser aceptados, ser valorados, sentir que tienen algo que ofrecer y sentirse bien consigo mismos.

El grupo se reúne durante el mismo periodo de tiempo, el mismo día y en el mismo lugar cada semana; por ejemplo, el lunes, de 10 a 10:40 de la mañana, en el aula de recursos. Esta consistencia y esta previsibilidad reduce los niveles de ansiedad de los niños y les ayuda a sentirse más seguros en la escuela. Las sesiones están claramente estructuradas, con un principio, una parte intermedia y una actividad final cada semana. La atención al tiempo y el hecho de avisarles cuando les quedan cinco minutos si están haciendo algo les da una sensación de fiabilidad, pues saben lo que ocurrirá, en vez de acabar abruptamente, que podría aumentar la ansiedad. Las sesiones comienzan y terminan de forma similar cada semana, cambiando la actividad principal, permitiendo a los niños adaptarse para volver al grupo, dándoles algo conocido.

Esta estructura y esta regularidad son cruciales para el programa de trabajo en grupo y el sentido de pertenencia que desarrollan los niños. Da oportunidad de ser capaz de responder a la organización y a las rutinas previsibles, de las que puede que algunos niños no tengan mucha experiencia. Esto también los ayuda a sentirse seguros y más insertos en la escuela, lo que a menudo los lleva a ser capaces de administrar más eficazmente su tiempo fuera del grupo.

Las actividades y sesiones están planeadas y organizadas de manera que permitan a los niños practicar nuevas habilidades, como negociar, planear y prever. Discuten temas como los celos, la individualidad y las diferencias, validando y afirmando los sentimientos que estos puedan suscitar. Los niños pueden experimentar las reacciones de sus compañeros a las situaciones que ocurren en el grupo como forma de normalizar su conducta, con reflexiones y comentarios del facilitador. "José da la sensación de que estás un poco molesto porque Susana haya hablado en primer lugar, pero recuerda que en este grupo todos tenemos un turno para empezar y tu turno será la semana próxima".

El desarrollo del autocontrol es un proceso que dura toda la vida y cuantas más oportunidades tengan los niños de desarrollar su autoconciencia con el apoyo de un adulto afectuoso, mayor será la probabilidad de que desarrollen las destrezas por sí mismos. Todas estas destrezas son factores cruciales en el desarrollo de la resiliencia.

Elecciones y consecuencias

Las sesiones dan a los niños la oportunidad de entender las elecciones y sus consecuencias, y el impacto de estas en el grupo, así como en ellos mismos. Se los anima a que piensen en ellas y que compartan cómo se sienten con respecto a los comentarios positivos dirigidos a ellos por los demás, y se invita al facilitador a que aborde los comentarios o críticas negativas de un modo abierto y sincero.

Por ejemplo, al realizar la actividad "Hacer un animalito de amistad entre todos para cada compañero" (véase la página 135), Joel, de 8 años, respondió diciendo: "Eso ni siquiera se parece a una pata, Marcus, es basura". La facilitadora reflexionó diciendo: "Puede ser realmente difícil aceptar lo que alguien nos hace cuando no estamos contentos con ello o nos habría gustado más que lo hiciera de forma diferente". Ella examinó entonces con todo el grupo lo que ese comentario pudo hacerle sentir a Marcus y le animó a decir cómo le sentó escucharlo. Esto se llevó a cabo con delicadeza, sin avergonzar a Joel, y se utilizó como una oportunidad para aumentar la conciencia del grupo acerca de cómo pueden impactar en otras personas las palabras que utilizamos.

Esto permitió a los niños tener una visión de sus propios sentimientos así como de los sentimientos de los demás, lo que llevó a que desarrollasen un vocabulario emocional más amplio y una mayor sensibilidad hacia sus compañeros. El desarrollo de la comprensión y de la compasión por otros es una parte crucial del aprendizaje de los niños para la autoaceptación y de la autocompasión. La oportunidad de experimentar esto en un entorno de pequeño grupo, emocionalmente seguro, aumenta su comprensión y la probabilidad de que lo implementen fuera del entorno del grupo.

Desarrollar nuevas destrezas

Las actividades permiten a los niños alcanzar un sentido de logro y la atención se fija en el esfuerzo hecho y en el proceso, en vez de en el producto final. Están diseñadas para ayudar a los niños a experimentar el éxito y adquirir pericia mediante retos y perseverancia. Esto cuenta, si es preciso, con el apoyo del facilitador del grupo. El desarrollo de nuevas destrezas puede transferirse fuera del grupo donde otras tareas pueden ser recibidas con esfuerzo y determinación, en vez de impotencia y resignación al fracaso. Las tareas están planeadas para promover las destrezas que queremos que desarrollen los niños. Por ejemplo, ponerlos por parejas para que hagan un "póster de la amistad" promueve las destrezas de escucha, negociación, cooperación y consideración de los deseos de los demás aunque sean diferentes de los propios (véase la página 127).

Las actividades dan la oportunidad de que el facilitador examine las destrezas, que los niños crean que pueden serles útiles cuando estén trabajando en la tarea, además de presentar nuevo vocabulario y discutir estos conceptos con ellos. Por ejemplo, comprobar si comprenden lo que significan "negociar" y "comprometerse", cómo pueden utilizarse estas destrezas y qué dificultades potenciales pueden derivarse de esto.

Además se anima a los niños a que practiquen durante la semana, fuera del grupo, las destrezas sobre las que están trabajando. Como parte del programa de amistad, se les pide que realicen cada semana una tarea fuera del grupo, pensada para ampliar sus destrezas sociales y para animarlos a asumir riesgos en el contexto de un grupo de apoyo. Estas tareas implican practicar destrezas de amistad y están diseñadas de manera que resulten más problemáticas cada semana. Las tareas se discuten después al principio de la sesión siguiente, se reconocen abiertamente los sentimientos suscitados por estas situaciones y se reflexiona sobre ellos. Esto permite que los niños implementen sus nuevas destrezas y vean los resultados inmediatos de su conducta, además de afianzar la seguridad en sí mismos y su autoestima. Esto se trata de forma más completa en el capítulo 11.

VALIDAR LOS SENTIMIENTOS

Un papel importante del facilitador es validar los sentimientos y, a través de las actividades, reconocer que todos los sentimientos son aceptables. Por ejemplo la quinta semana del grupo de amistad implica un relato y la discusión sobre los celos y da oportunidad al facilitador de reconocer que, aunque este pueda ser un sentimiento difícil, lo experimentan la mayoría de las personas (véase la página 140). La actividad permite a los niños normalizar sus sentimientos e integrarlos más fácilmente. Las sesiones están centradas en compartir cómo se sienten ante las cosas; el entorno seguro creado por el facilitador permite que los niños comenten los sentimientos de un modo más relajado y compartan gradualmente los suyos a medida que adquieran más seguridad en sí mismos.

No obstante, aunque las sesiones animen a los niños a compartir sus propios pensamientos y sentimientos, a los niños se les permite no hacerlo si se sienten incómodos. Esto es crucial para asegurarse de que los niños se sientan seguros y cómodos en las sesiones y sean capaces de escoger cuándo y cómo hacer sus aportaciones.

El programa de amistad implica una actividad en la sexta semana en la que cada niño hace una caja para otro niño del grupo. Esto constituye una oportunidad ideal para examinar qué se siente al hacer algo para otra persona y qué sentimientos puede activar. Permite un debate posterior en el que los niños hablan de sus experiencias haciendo cosas para otras personas y los beneficios potenciales de ello. Se los anima a que den las gracias al otro por hacerle la caja y a compartir después cómo se sienten cuando alguien les agradece algo. Esto permite el desarrollo de nuevas destrezas, tanto personal como socialmente, así como la oportunidad de experimentar la comunicación de sentimientos en un entorno positivo y acogedor.

También desarrollan un sentido de responsabilidad personal por el hecho de formar parte del grupo, pero haciendo elecciones personales sobre lo que comparten y cómo se comportan en el grupo. Esto puede llevar a una mayor conciencia de sí mismos y de cómo influye en otras personas su conducta y sus elecciones.

Todo ello puede manifestarse de un modo positivo fuera del grupo y los niños pueden desarrollar mayor conciencia de sí mismos, traduciéndose esto en una conciencia intensificada de las otras personas. Un miembro del personal de la escuela comentó: "Yo sé qué niños han experimentado los programas de trabajo en grupo porque empiezan a mantener abiertas las puertas para que entren otras personas en la escuela".

ESTABLECER RELACIONES

La experiencia de intervenir en el trabajo en grupo da oportunidad al facilitador de conocer a los niños de un modo más relajado y le permite establecer conexión con ellos. Esto puede ayudar a los otros adultos de la escuela a entablar relación con los niños, pues pueden compartir estrategias relevantes acerca de cómo hacerlo. El establecimiento de unas relaciones fuertes con los niños les transmite mensajes positivos sobre que el personal de la escuela los apoyará y ayudará con su conducta si ellos lo necesitan.

Estudio de Caso

Tyrone, de 8 años, estaba muy callado y ausente en clase; hacía su trabajo y respondía a las preguntas cuando se le hacían, pero nunca aportaba nada en los debates de clase. Su maestro tenía la sensación de que, aunque había estado en clase durante un trimestre, no lo conocía realmente y no había logrado establecer una relación con él.

Posibles razones de la conducta de Tyrone:

- Su padre se había marchado durante las últimas vacaciones escolares y solo lo había visto una vez desde entonces.
- Su madre todavía estaba tratando de afrontar personalmente la pérdida, además de estar cuidando a un nuevo bebé.

La profesora de apoyo que facilitaba un grupo de autoestima con Tyrone pudo compartir con su maestro las estrategias que había utilizado para relacionarse con él. Entre ellas estaba la de recordarle que lo vería la semana siguiente y la de establecer contacto visual con él y sonreírle cuando le hablaba. Ella también utilizaba su nombre con frecuencia para asegurarle que mantenía una conexión con él. Esto le permitió sentirse seguro porque sabía cuándo la vería a ella de nuevo y se sentía valorado e importante por su acercamiento positivo hacia él. Su maestro comenzó a implementar estas mismas técnicas en clase él a diario y aseguró que explicaba dónde iba cuando salía del aula y cuándo regresaría. También se centró en llamarle por su nombre y utilizar un lenguaje corporal positivo con él tal y como había sugerido la facilitadora del grupo. La combinación de todos estos cambios llevó a que Tyrone se sintiese más relajado y menos ansioso, permitiéndole intervenir más en clase y, poco a poco, establecer una buena relación con el maestro.

La oportunidad del trabajo en grupo da también ocasión de tener una experiencia más profunda de las relaciones con adultos, sobre todo a niños a los que les cuesta entablarlas o las evitan positivamente. Estas pueden experimentarse más seguras y menos intensas cuando están presentes otros niños y la relación puede desarrollarse gradualmente de un modo más diluido. Permite al personal de la escuela relacionarse con los niños de una forma más relajada, disfrutar de su personalidad y llegar a conocer y reconocer sus cualidades, así como ofrecer un alto nivel de apoyo y atención.

La profesora de apoyo que había llevado el grupo con Tyrone se dio cuenta de que le sonreía por los pasillos de la escuela, después de que el grupo hubiese terminado. Pasadas unas semanas la detuvo y le dijo: "Señorita, ¿recuerda cuando hicimos los diplomas? Todavía tengo el mío en casa". La experiencia del grupo le había proporcionado seguridad en sí mismo como para practicar y desarrollar una nueva relación y decidir si continuar desarrollándola después de que el grupo hubiese finalizado. Hay niños a los que puede resultarles fácil pasar desapercibidos en clase, pues no presentan una conducta problemática ni perturban la clase. Sin embargo, estos niños necesitan tanta ayuda como los que muestran una conducta desafiante, precisamente porque pasan más desapercibidos.

Desarrollo profesional del personal

Las personas de la escuela que llevan los grupos pueden tomar conciencia de cómo se relacionan con los alumnos y aprender nuevas destrezas para mejorar sus relaciones. También incrementan su percepción de cómo se comunican con los niños, junto con una comprensión más profunda del desarrollo emocional y social de los niños; por ejemplo, Kathy era una profesora de apoyo muy preparada que era muy buena entablando relaciones con los niños. Sin embargo, admitía que, a veces, le costaba desarrollar y mantener los límites con los niños, especialmente a la hora de terminar si lo estaban pasando bien haciendo algo. A menudo, sus actividades en clase sobrepasaban el tiempo asignado y ella reconocía que su gestión del tiempo no era buena.

La experiencia de dirigir al grupo le permitió practicar nuevas formas de trabajar y desarrollar el trabajo en los tiempos asignados a las actividades. El aviso de cinco minutos que ella daba al grupo antes de acabar la actividad principal le permitió ver que los niños estaban contentos con ello porque sabían lo que estaba ocurriendo y por qué. Eso le permitió adquirir una mejor comprensión de algunas de las reacciones emocionales y de la conducta que había visto en los niños en el pasado, cuando ella había esperado que dejaran de hacer de repente lo que estaban haciendo. Transfirió este aviso del tiempo restante, a las actividades que llevaba a cabo en clase, y le gustó mucho ver que los resultados con los niños eran los mismos, además de ayudarle a mejorar su trabajo.

LENGUAJE REFLEXIVO Y MENSAJES POSITIVOS

El uso del lenguaje reflexivo en las sesiones de trabajo en grupo transmite a los niños un mensaje muy positivo sobre sí mismos cuando se les comunica: "Puedo verte; estoy tratando de comprenderte; sea lo que sea lo que pienses o sientas, está bien; mereces que se piense en ti y tengo interés en llegar a conocerte" (véase la figura 7.1). Estas respuestas refuerzan que el niño es importante como persona por derecho propio, y demuestra un claro sentido de aceptación de quién es como persona. El programa promueve la conciencia de las propias emociones de los niños y de las emociones de otras personas, lo que lleva a una mayor habilidad para poner estos sentimientos en palabras.

Figura 7.1. *Mensajes positivos para los niños*

La experiencia de los programas de trabajo en grupo y las reflexiones que el facilitador ofrece a los niños son muy positivas y, para algunos niños, pueden dar nuevas oportunidades de que las experimenten de este modo. El uso del lenguaje reflexivo permite que los niños se sientan reconocidos, escuchados, valorados y comprendidos, todos ellos ingredientes esenciales para construir su seguridad en sí mismos y su autoestima.

DESTREZAS DE COMUNICACIÓN PARA FACILITAR HABILIDADES SOCIALES

El trabajo en grupo da la oportunidad de desarrollar las destrezas sociales y de comunicación de los niños y permite que algunos niños escuchen su propia voz por vez primera, mientras otros pueden practicar ser menos autoritarios con otras personas. Por ejemplo, Louise, de 10 años, fue enviada al grupo por su maestra, a la que le resultaba muy difícil tenerla en clase porque hablaba constantemente, interrumpiendo y gritando. Esto influía en su aprendizaje y sus amistades, porque los otros niños estaban enfadados por su comportamiento. Louise exhibió esta conducta durante la primera sesión de trabajo en grupo, pero, con reflexiones como: "Veo que quieres decir algo, Louise, pero me gustaría que trataras de esperar en silencio mientras escucho a Yusef, y después podremos escucharte", o: "Muy bien por ser paciente. Sé que es difícil".

Poco a poco, Louise fue capaz de esperar cada vez más tiempo y en la cuarta sesión consiguió escuchar más a los otros niños del grupo. Como sabía que al final tendría su turno, esto alivió su ansiedad y le permitió practicar la paciencia y la autorregulación. Hablé con su maestra y la animé a que probara esta reflexión con ella en clase y ella quedó encantada con el resultado. La maestra también habló con ella y Louise le dijo: "Señorita, no sabía lo que estaba haciendo, pero ahora voy a procurar no hacerlo". Esto aumentó su autoconocimiento y la autoconciencia le llevó a un cambio de su conducta, y al incremento de su popularidad entre sus compañeros.

En nuestras escuelas hay niños que han aprendido a ocultarse ellos mismos y a ocultar sus necesidades y, en cambio, han desarrollado una forma de ser que antepone las necesidades de los demás a las suyas propias. A menudo, estos niños son "invisibles" en las escuelas pues su conducta no es aparentemente preocupante, especialmente si hay una serie de niños que manifiestan sus sentimientos de un modo más desafiante. Los programas de trabajo en grupo constituyen una oportunidad ideal para que estos niños, se hagan más visibles en las sesiones y empiecen a comprender y expresar sus necesidades y sentimientos. Un maestro me confesó: "Incluso camina de forma diferente ahora. No me había dado cuenta de lo encorvado que iba hasta que empezó a ir con la cabeza alta".

Los primeros mensajes que reciben algunos niños acerca de que no se los ve ni se los oye pueden conducir a que les resulte difícil hablar en cualquier situación y a que estén callados y tímidos, tratando de no llamar la atención. A estos niños, los programas de trabajo en grupo les dan una oportunidad ideal de reconocer su propia voz y de compartir sus pensamientos y sentimientos en un grupo más pequeño, si lo desean. Cuando estos niños adquieren más seguridad a la hora de hablar delante de sus compañeros, estas destrezas pueden ser transferibles al grupo mayor en el aula. El entorno permisivo y acogedor creado por el facilitador en las sesiones de grupo puede permitir que los niños sientan que se los tiene en cuenta de un modo menos amenazador y expuesto que en una situación de toda la clase. El lenguaje reflexivo utilizado por el facilitador puede permitir al niño sentirse más seguro cuando habla en público.

Por ejemplo, Jonás, de 9 años, estaba muy callado en clase y su maestra lo describía como un niño que siempre estaba deseando agradar. Contaba una experiencia en la que él se ofrecía a dar a otro niño la pegatina que había ganado por su dibujo, en vez de ponerla en el suyo. Esto me hizo preguntarme qué mensajes había recibido Jonas que lo habían llevado a creer que sus necesidades carecían de importancia. En las sesiones de trabajo en grupo, estaba muy callado y esperaba hasta que los otros niños habían escogido el rotulador que querían utilizar antes de escoger el suyo. Yo animé al facilitador para que fuera ofreciendo los rotuladores por el grupo la semana siguiente, comenzando por Jonás y señalando: "Es muy importante que todos tengamos la oportunidad de escoger el color del rotulador que queramos utilizar". El facilitador utilizó este tipo de reflexión cada semana durante las actividades y poco a poco animó a Jonás: "A veces, podemos pensar que las ideas y sugerencias de otras personas son mejores que las nuestras y eso puede hacer que no queramos hablar, pero aquí son importantes las ideas de todos".

Esta experiencia puede beneficiar también a los niños a quienes les resulta difícil tomar decisiones de forma independiente. Cuando los adultos están siempre controlando y tomando decisiones por los niños, no es nada sorprendente que los niños se muestren impotentes e incapaces de hacerlo. Las oportunidades que ofrece el trabajo en grupo permiten a los niños elegir y tomar decisiones, además de estimular a cada niño para que haga oír su voz y comparta sus pensamientos e ideas. Por ejemplo, hacer un póster sobre sí mismos (véase la página 147) permite a los niños escoger lo que les gustaría incluir y cómo quieren compartirlo con el resto del grupo. Si a un niño le resulta difícil, el facilitador del grupo lo tranquiliza y le demuestra que sus sentimientos se aceptan.

La experiencia de trabajar en grupo presenta a los niños muchas ideas y conceptos nuevos. Además del desarrollo de destrezas sociales y emocionales, también puede ampliar el vocabulario de los niños presentando palabras nuevas en el contexto de las sesiones. Elena, de 9 años, estaba escribiendo el poema con la letra de su nombre (véase la página 151) y le estaba costando pensar en tres palabras que empezaran por "E" para describirse a sí misma. Tanto su maestra como su mamá decían que era una charlatana, que no paraba de hablar. Elena se preguntaba cómo podía utilizar esto y yo le pregunté si sabía qué significaba "elocuente" porque tenía la sensación de que esta era una palabra adecuada para describirla. A ella le gustó la idea y la semana siguiente me dijo orgullosa que la había utilizado en su tarea de escritura independiente en clase. El hecho de presentarle esta palabra no solo le permitió verse a sí misma a una luz más positiva, sino que también aumentó su vocabulario.

En todas las notas del facilitador sugiero reflexionar: "Puede que necesites la ayuda de algún adulto y yo puedo ayudarte si te gusta que lo haga". Esta reflexión transmite el mensaje de que, a veces, los niños necesitan ayuda de un adulto y es aceptable pedirla. Esto es particularmente importante para los niños que han aprendido la autosuficiencia a muy corta edad y les cuesta pedir ayuda porque han aprendido: "No está bien pedir ayuda y, si lo haces, nadie te ayudará". Permite que el niño tenga la opción y pueda decidir si necesita ayuda, en vez de que el adulto controle la situación y decida por él. Yo animo al facilitador a que diga: "ayuda de un adulto", como expresión genérica, en vez de "mi ayuda", porque esto refuerza que otros adultos de fuera del grupo también puedan ayudar si es preciso y transmite el mensaje de que es aceptable pedir ayuda.

BENEFICIOS Y CAMBIOS POSITIVOS EN LOS NIÑOS

Los beneficios que obtienen los niños trabajando en grupo son patentes a los facilitadores a medida que progresan las sesiones. Ellos mismos pueden ver los cambios: mayor seguridad en sí mismos, más facilidad para hablar, ser más pacientes mientras hablan los otros, etc. Los maestros comentan que notan más concentración, mejores relaciones entre compañeros, mayor capacidad de reconocer, expresar y controlar sus sentimientos y más empatía con otros. Algunos niños han identificado y comentado ellos mismos los beneficios: "ahora me gusta venir a la escuela", "he hecho más amigos" y "estoy haciendo mejor mi trabajo".

Algunos padres también se han dado cuenta de las diferencias en sus hijos desde que van a las sesiones de trabajo en grupo y dicen: "Ahora está mucho más contento consigo mismo", "se lleva mucho mejor con su hermano" y "ahora está mucho más tranquila y puede decirme si está molesta". Estos son ejemplos del impacto visible; puede haber muchos más que son menos visibles y que solo se aprecian en situaciones específicas, por ejemplo, menos ansiedad por los exámenes y más capacidad de saber perder.

Es posible que la experiencia global de formar parte del grupo no solo sea beneficiosa para el personal de la escuela y para cada niño concreto, sino que también puede poner de manifiesto áreas de inquietud y necesidades de los niños que, de no ser así, hubiesen pasado desapercibidas. Esto da a la escuela la oportunidad de responder de manera que asegure que se satisfagan las necesidades emocionales y sociales de cada niño y se promueva un enfoque de toda la escuela acerca de la salud y el bienestar mental de los niños.

8. El rol del facilitador en el grupo

El facilitador del grupo puede ser un tutor, un orientador, un profesor de apoyo, un psicólogo o tener otra función en la escuela que tenga un conocimiento profundo del desarrollo social y emocional de los niños y tenga experiencia probada de trabajo con pequeños grupos. Tiene que estar interesado en desarrollar destrezas nuevas para controlar la conducta de los niños, tener cierta capacidad de autorreflexión y estar dispuesto a utilizar las destrezas de lenguaje reflexivo que ya hemos descrito.

Los grupos adquieren su máxima eficacia cuando se implementan siguiendo las orientaciones de tiempo, pues esto permite que las sesiones estén estructuradas y organizadas. El formato es deliberadamente prescriptivo y permite que el facilitador investigue con los niños. Hay una lista de materiales para cada programa de seis semanas y estos deben estar preparados al principio de cada sesión, antes de que lleguen los niños. Es conveniente asignar un tiempo determinado al facilitador para cada grupo, a fin de darle tiempo para que organice los materiales y los guarde, reflexione sobre la sesión y redacte unas breves notas de la sesión al final del grupo. También necesitará algún tiempo al final de cada grupo de seis semanas para redactar un breve informe de cada niño. Esto se trata con más detalle más adelante, en este mismo capítulo.

CUMPLIMENTAR LOS CUESTIONARIOS CORRESPONDIENTES AL GRUPO DE TRABAJO

Con el fin de maximizar los beneficios de la experiencia de trabajo en grupo para los niños, es conveniente cumplimentar un cuestionario para cada niño al principio y al final de la intervención. Esto permite seguir los cambios que los niños hayan realizado, además de identificar a los niños que puedan necesitar un apoyo adicional. Los cuestionarios se encuentran en el Anexo (véanse las páginas 163 a 169). Puede cumplimentarlos el maestro del niño o un profesor de apoyo que conozca bien al niño. Es importante que los cuestionarios inicial y final los cumplimente la misma persona siempre que sea posible. Hay más información acerca de cómo cumplimentar los cuestionarios en la hoja de instrucciones del cuestionario.

Las sesiones de trabajo en grupo dan al facilitador una oportunidad ideal para desarrollar su relación con los niños identificados y practicar una forma nueva de control de su conducta reconociendo y reflejando sus sentimientos. Por ejemplo, facilitando recordatorios discretos de las reglas y reconociendo que puede ser difícil recordar que las nuevas reglas son una forma eficaz de apoyar a los niños en vez de penalizarlos. Por ejemplo, Kai, de 7 años, estuvo ausente de la segunda sesión y al principio de la tercera semana estuvo gritando mientras otros niños hablaban. Me di cuenta de que le resultaba especialmente difícil recordar las reglas porque había faltado a la sesión de la semana anterior y me planteé si los otros niños tendrían alguna idea acerca de cómo

COMPRENDER Y MEJORAR LA CONDUCTA
TRABAJANDO EN GRUPO

podrían ayudarlo con esto. El resto del grupo sugirió repasar de nuevo las reglas para ayudar a recordarlas a todos y fue una forma eficaz de apoyarlos a todos y ayudar también a Kai.

Al principio de cada sesión, después de organizar las carpetas y los materiales, y de asegurarse de que las reglas del grupo estén visibles para cada niño, se recoge a los niños de sus aulas y se los lleva a la sala. Esta es una parte importante del proceso y transmite a los niños un mensaje de cariño y atención. Los niños pueden estar nerviosos, asustados y ansiosos al principio de las sesiones, sobre todo de la primera, cuando no saben bien qué va a ocurrir. Puede ser útil reconocer la situación diciéndoles: "Puede resultaros un poco extraño salir de clase para venir conmigo, pero os explicaré lo que haremos cuando lleguemos al aula". Esto puede ayudar a reducir los sentimientos de ansiedad y miedo. El uso de reflexiones transmite a los niños todos los mensajes positivos de la figura 8.1 y puede ser una forma útil de señalar el impacto de su uso.

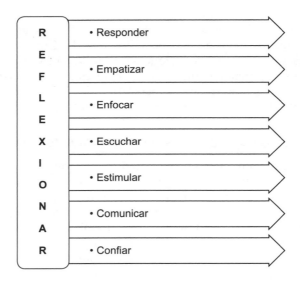

Figura 8.1. *Impacto positivo de la reflexión*

COMPARTIR INFORMACIÓN CON OTRAS PERSONAS

Puede haber oportunidades de compartir información relevante con los padres o cuidadores de los niños, si es conveniente. Por ejemplo, si un niño se esfuerza para cambiar su conducta o ha hecho una aportación positiva al grupo, puede ser útil comunicárselo a sus padres. Esta información puede compartirse con el fin de destacar el esfuerzo que está haciendo el niño y facilitar que los padres o cuidadores apoyen esta conducta en casa.

El programa de amistad incluye tareas que pueden implementarse fuera del grupo semanalmente y puede ser útil compartir esto con los padres o cuidadores para presentar una idea más clara del grupo y darles la oportunidad de apoyar este proceso si están dispuestos a ello.

También puede ser útil compartir semanalmente información relevante con los maestros de los niños de manera que puedan seguir el proceso de cada uno. Por ejemplo, comunicar que un niño callado ha hablado por primera vez y cómo ha ocurrido esto. Si parece que un niño está respondiendo a determinadas reflexiones, es útil compartir estas con el maestro, que puede optar también por utilizar respuestas similares para ayudar al niño. Otros miembros del personal de la escuela, incluyendo a los organizadores del comedor, los auxiliares docentes y el director, también pueden beneficiarse de recibir retroinformación sobre los cambios que un niño esté acometiendo en el grupo, de manera que puedan apoyarlo y reconocérselo al niño si conviene.

El trabajo en grupo puede identificar a los niños que necesiten otras intervenciones o alguna ayuda específica en determinadas áreas. El facilitador tendrá que comunicar esta información a algún directivo de la escuela, como el profesor de Pedagogía Terapéutica, con el fin de aprovechar el trabajo en el grupo si es necesario. Esto también puede quedar destacado en el informe sobre el trabajo en grupo, en la sección de recomendaciones. Es también esencial que se hagan constar todos los problemas, de divulgación o de protección del niño, y se trasladen al miembro relevante del personal, en consonancia con los procedimientos de protección del niño en la escuela.

REDACTAR LOS INFORMES

Al final del grupo de seis semanas, es conveniente que el facilitador del grupo redacte un informe de cada niño. El formato y un ejemplo cumplimentado del informe se incluye en el Anexo (ver páginas 167 a 169). El informe presenta un corto resumen de las experiencias del niño en el grupo y señala las recomendaciones que puedan ayudar al niño en adelante. Estas pueden referirse a apoyo dentro de la escuela o a ayuda ocasional de organismos externos, como el del equipo de salud mental. El informe debe recoger los comentarios adicionales del personal de la escuela, como muestra el ejemplo. Una copia del informe puede entregarse a la persona designada al efecto en su escuela; por ejemplo, el profesor de Pedagogía Terapéutica, el director, etc., junto con los cuestionarios inicial y final de intervención del niño.

9. Comienzo, desarrollo y final del Trabajo en Grupo

Los grupos funcionan bien con un máximo de cuatro niños, todos del mismo nivel de edad y, preferiblemente, de la misma clase, para garantizar el máximo impacto de destrezas transferibles a su regreso al aula. También pueden funcionar con un par de niños para efectuar una intervención más intensa; puede ser útil para aquellos que necesiten apoyo extra con respecto a comunicar, esperar su turno y otras destrezas sociales y emocionales. Esto les puede animar a practicar estas destrezas fuera del grupo semanal.

COMPOSICIÓN DEL GRUPO DE TRABAJO

El grupo debe estar compuesto por niños del mismo sexo o por una mezcla de igual número de niños y niñas. Esto puede ser especialmente beneficioso, cuando los niños se hacen más conscientes de las diferencias entre ellos y puede mejorar sus relaciones. Conviene tener en cuenta los niveles evolutivos de los niños que vayan a estar en el mismo grupo para asegurarse de que puedan realizar las tareas a un ritmo y en un nivel similares.

También deben tenerse en cuenta las personalidades de los niños de manera que haya combinaciones de niños dominantes y menos dominantes a quienes pueda prestarse apoyo para hacer cambios en su conducta. Los niños pueden participar en ambos programas de trabajo en grupo, pero esto sería más eficaz si hubiese un período de tiempo entre ellos para integrar las destrezas que hubieran aprendido.

Cuando se considera la composición del grupo, es esencial que se tengan en cuenta las necesidades individuales de cada niño para garantizar el éxito del grupo y la seguridad emocional de los niños. Se dirige más a niños que sean poco perturbadores que a otros con necesidades más complejas y que puedan requerir una intervención más especializada. Si un niño presenta una conducta muy problemática y tiene necesidades complejas, estar en un grupo puede, conducir a que el niño sabotee el grupo como un modo de controlar sus sentimientos. Para estos niños, las actividades pueden implementarse con otro niño que se desenvuelva como modelo de rol, de manera que el facilitador pueda prestar un apoyo más focalizado. Esto puede permitirles practicar diferentes formas de comportarse y tenerlas ejemplificadas para ellos en un entorno adecuado.

Los niños que pueden beneficiarse de este Programa de Trabajo en Grupo son:

- Niños que carecen de seguridad en sí mismos o tienen baja autoestima.
- Niños a los que les resulta difícil hacer y mantener amigos.
- Niños callados y tímidos.

- Niños que tratan de agradar siempre y sienten que sus necesidades no son importantes.
- Niños que interrumpen y a los que les resulta difícil escuchar.
- Niños a los que les resulta difícil comunicar y guardar turnos.
- Niños que dicen mentiras.
- Niños que consideran inaceptable cometer errores.
- Niños que tienen conflictos regulares con otros niños.
- Niños que acosan o que son acosados.
- Niños inquietos y a los que les es difícil concentrarse.
- Niños ansiosos, preocupados o asustados.
- Niños que carecen de resiliencia.
- Niños que carecen de autoconsciencia.
- Niños que están experimentando cambios importantes en casa.

El grupo es una oportunidad ideal para estimular a niños que no son tan felices o no están tan adaptados como podrían estarlo, y a los que conviene desarrollar todo su potencial.

FORMATO DE LAS SESIONES

Las sesiones duran cuarenta minutos, una vez a la semana, durante seis semanas.

Como mencionamos en capítulos anteriores, parte esencial del proceso es que las sesiones se celebren a la misma hora, el mismo día y en la misma sala todas las semanas, pues esto ejemplifica la consistencia y la previsibilidad y da estructura a la semana del niño.

La sala debe estar disponible semanalmente, y tener una mesa y sillas para todos. Idealmente, puede tratarse de una sala pequeña en la que haya mínimas distracciones externas, de manera que permita que los niños se centren en el grupo.

Es *esencial* que el grupo no sea interrumpido por otras personas que necesiten algo de aquella sala o deseen utilizarla, porque esto puede ser muy molesto y transmite el mensaje de que el grupo no es importante. Un indicador en la puerta al principio de la sesión y un recordatorio en las reuniones del personal de la escuela pueden asegurar que no haya interrupciones.

La *sala* tiene que transmitir un mensaje positivo y acogedor a los niños cuando entren en ella. El entorno físico y emocional que se brinde para el trabajo en grupo es crucial para su éxito e impacto. Para algunos niños, cuyas vidas fuera de la escuela pueden ser un tanto caóticas e imprevisibles, el entorno tranquilo, limpio y pacífico les permitirá sentirse seguros y adaptarse más fácilmente. Ellos pueden ser más conscientes de su entorno físico y emocional y, en consecuencia, el ambiente del trabajo en grupo puede darles la oportunidad de relajarse y de disfrutar su tiempo en el grupo.

El comienzo de algo nuevo puede hacer que algunos niños se sientan muy ansiosos y asustados. Es importante que el facilitador se percate de esto. Si un niño parece ansioso o se muestra inseguro, puede deberse a un exceso de vigilancia y es crucial darse cuenta de ello. El facilitador reflexiona sobre esto y destaca lo que está haciendo el niño; por ejemplo, "Veo que miras los materiales de *collage*, quizá te preguntes qué vamos a hacer aquí hoy. Te lo diré cuando todo el mundo se haya sentado". Esto transmite un fuerte mensaje de reconocimiento y validación al niño, además de tranquilizarlo.

Cuando todos los niños se hayan sentado en los espacios escogidos por el facilitador, explíqueles que este es un grupo que se reunirá cada semana, durante seis semanas en la misma sala, durante cuarenta minutos, y muéstreles las horas de comienzo y de fin en el reloj. Explique que el grupo se reunirá a la misma hora y el mismo día cada semana y que, si usted está ausente, ellos no perderán la sesión; se celebrará la siguiente semana cuando usted esté de vuelta en la escuela.

Explique que el grupo comenzará y terminará de la misma manera cada semana y habrá una actividad diferente. Comente que el grupo es una forma de ayudarlos a practicar y desarrollar nuevas destrezas, como comunicar y seguir turnos, y las actividades serán modos de ayudarlos en esto. Las orientaciones del facilitador (véanse los capítulos 11 y 12) dan información detallada paso a paso para cada sesión y conviene leerlas antes de las sesiones para asegurarse de que se entienden y pueden seguirse con facilidad. Ofrecen explicaciones claras para el principio, el medio y el fin de cada sesión, junto con reflexiones sugeridas cuyo uso puede ser conveniente con los niños.

En la primera semana, se entrega a cada niño una pegatina con su nombre para que la lleve puesta durante la sesión. Esto es para ayudar al facilitador a que sepa quién es cada uno y a los niños para que se conozcan unos a otros si no están en la misma clase. Esto no es necesario si el facilitador ya conoce a los niños y estos están en la misma clase. A veces, durante la actividad principal, los niños estarán trabajando por parejas. Es importante que todos los niños tengan la oportunidad de trabajar con personas diferentes durante estas tareas, pues esto los ayudará a desarrollar nuevas amistades y destrezas.

El facilitador debe asegurarse de que siguen las orientaciones de tiempo establecidas, pues esto permite que el grupo trabaje sin sobresaltos. Al final de la sesión, reconózcales su trabajo, dígales que los verá la semana siguiente y llévelos de vuelta a sus clases.

El facilitador necesita algún tiempo al final de cada sesión para completar el registro y la hoja de detalle de la sesión (ver Anexo, pág. 169). La hoja de detalle de la sesión presenta un breve resumen de cómo cree el facilitador que se ha desarrollado la sesión y unas pocas frases sobre cada niño; por ejemplo: "Los niños han disfrutado haciendo las cajas y han estado mucho mejor siguiendo las reglas del grupo esta semana. Amy ha ayudado a Kai con su caja y ha sido muy paciente con él. Parece que la seguridad en sí misma de la niña va en aumento y está aportando más ideas".

A cada niño se le entregará una carpeta del mismo color para que guarde en ella las actividades. También tendrá cada uno un gráfico de sesión para colorear, que muestre cuántas sesiones llevan y facilite un comienzo estructurado de cada semana cuando coloree el gráfico correspondiente (ver Anexo, pág. 171 y 176). Si el niño está ausente, coloreará el número de sesión que haya faltado a su regreso, para que el gráfico de todos sea igual. Los niños guardan el gráfico de sesión en su carpeta y estas se disponen en la mesa cuando llegan a cada sesión y pueden estar en el mismo lugar cada semana, dependiendo del formato de la actividad y de las necesidades de los niños.

El facilitador del grupo guarda las carpetas y sus contenidos en un lugar seguro hasta la última sesión, cuando los niños pueden llevárselas a casa si quieren. Cuando se les explica esto al principio de la primera sesión, la mayoría de los niños están de acuerdo con esto. Si a un niño esto le resulta difícil, eso puede decirnos algo acerca de su experiencia de la confianza y nosotros podemos hacérselo ver, por ejemplo: "Parece que no te gusta que guarde yo tu carpeta; quizá te resulte difícil dejármela, pero esa es una de nuestras reglas y yo la guardaré en un lugar seguro para ti".

Cada sesión comienza y termina de forma similar cada semana, con una actividad en el medio. Conviene mostrar a los niños en el reloj cuánto tiempo pasan con usted, de manera que sean conscientes de ello y los ayude a administrar el tiempo. Se acostumbrarán muy rápidamente a la estructura de las sesiones, además la previsibilidad les da un sentido de seguridad.

Al principio de la primera sesión, después de que hayan coloreado su gráfico de sesión y el facilitador les haya explicado las carpetas, invite al grupo a pensar en algunas reglas de grupo que habrán de seguir. El facilitador les explicará que tienen que pensar en formas de asegurarse de que todo el mundo lo pase bien en el grupo y puede empezar poniéndoles un ejemplo como: "Escuchad cuando estén hablando otras personas". El grupo puede añadir reglas nuevas cada semana, si hace falta, pero solo necesitan unas pocas para que el grupo se desenvuelva sin problemas.

El facilitador escribe las reglas en una cartulina grande y la pone en la pared, donde todo el mundo pueda verlas. Se exhiben en cada sesión y puede aludirse a ellas como una forma de controlar la conducta en el grupo. Por ejemplo: "Veo que quieres ser la primera, Jane, pero recuerda que una de nuestras reglas es que guardamos turnos. Cuando Joe haya terminado su turno, hablarás tú. Sé que puede resultar difícil, pero veamos si eres capaz de esperar". El facilitador puede pensar de antemano algunas reglas si cree que a los niños puede costarles especificar las suyas o si hay niños en el grupo que puedan necesitar un apoyo específico, como compartir el equipamiento, por ejemplo.

Aunque es beneficioso que todos los niños participen en todas las actividades y contribuyan a las discusiones, es importante que se les dé la opción de no compartir sus pensamientos y sentimientos si no están cómodos. Esto hay que explicárselo a los niños al principio de las sesiones de trabajo en grupo (véanse más detalles en la página 128). Cuando hayan progresado las sesiones y los niños se hayan acostumbrado al formato y se sientan relajados, suelen pasarlo bien aportando opiniones, pero tener la opción de no hacerlo puede servir de ayuda. Este es un aspecto crucial de la respuesta a las necesidades individuales de los niños y de asegurarnos de que nos centramos en ayudarlos a sentirse seguros y a salvo antes de que esperemos que cambien su conducta. Por ejemplo, un niño que haya sido derivado al grupo porque le resulta difícil hablar en clase necesita ayuda adicional además de sentirse seguro para desarrollar la capacidad de hacerlo.

PREPARARSE PARA EL GRUPO

En capítulos anteriores, hemos comentado la importancia de que el personal de la escuela utilice la autorreflexión para examinar y supervisar sus propios sentimientos. Esto tiene un valor especial para el facilitador de grupo y puede implementarse comprobando cómo se siente al principio y al final de la sesión. Es una buena costumbre tener tiempo para preparar de antemano los materiales de un modo relajado, en vez de hacerlo a toda prisa, buscándolos en el último minuto.

Yo animo al facilitador a que dedique unos minutos a sentarse en la sala cuando esté preparada, antes de ir a recoger a los niños. En las escuelas hay mucho trabajo y sé lo difícil que puede resultar esto, pero merece la pena hacerlo con el fin de que el grupo se desenvuelva del modo más eficaz posible.

Sugiero mirar las orientaciones del facilitador y tenerlas a mano junto con el plan de la sesión, para poder consultarlas con facilidad. Por regla general, los niños suelen estar demasiado implicados en las actividades para mirarlas, pero el facilitador puede reconocer esto diciendo: "Estas notas son para ayudarme a llevar bien nuestro grupo y quiero mirarlas para asegurarme de hacerlo bien y de que pasemos un rato agradable". Si el facilitador olvida algo o comete algún error, tiene que reconocerlo en el grupo. Una vez me olvidé de llevar sus gráficos de sesión y lo reconocí diciendo que se me había olvidado, manifestando que "incluso los adultos olvidan cosas y cometen errores a veces".

Es importante que, como adultos, seamos capaces de ejemplificar nuestros fallos ante los niños ya que esto los autoriza a admitir sus errores con más facilidad.

El uso de la propia verificación interna del facilitador puede ser útil para desarrollar la autoconciencia y el aprecio de la importancia del tono de voz, el lenguaje corporal y la expresión facial que se utilizan (véanse las figuras 9.1 y 9.2). Todos ellos transmiten poderosos mensajes a los niños, y merece la pena examinarlos y reflexionar sobre ellos más tarde.

Esto puede ser útil para revisar la sesión al redactar las notas correspondientes; por ejemplo, si una sesión ha sido particularmente problemática, examine primero cómo se sintió, si tenía hambre, estaba cansado o un poco distraído pensando en lo que tenía que hacer después de la sesión.

El trabajo en grupo puede ser intenso y agotador. Con el fin de llevarlo con la máxima eficacia, el facilitador debe disfrutar dirigiendo el programa y esperando con ilusión su celebración semanal, en vez de temerlo.

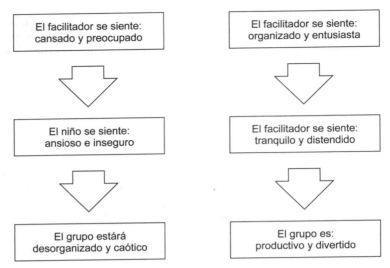

Figura 9.1. *Impacto **negativo** potencial del facilitador*

Figura 9.2. *Impacto **positivo** potencial del facilitador*

IMPORTANCIA DE LA ÚLTIMA SESIÓN

En la última sesión, es esencial que se destaque que hemos llegado al final. Para algunos niños, la oportunidad del trabajo en grupo ha sido la parte que más recuerdan de la semana y es importante que la desaparición de las sesiones semanales reciba la validación adecuada. En el grupo puede haber niños que hayan experimentado muchos cambios y pérdidas en sus vidas y es posible que no hayan sido bien gestionados, por lo que esto le da al facilitador del grupo la oportunidad de proporcionarles una experiencia más positiva.

El momento final del grupo puede ser una buena oportunidad para validar los sentimientos de los niños acerca de este y para ser sinceros con ellos de una forma que reconozcan sus sentimientos y les ayude a afrontarlos.

El facilitador comenzará cada sesión manifestando el número de la sesión que los niños estén coloreando en sus gráficos de sesión y tratando de que se percaten del número restante de sesiones. Por ejemplo: "Hoy es nuestra cuarta sesión, por lo que nos quedan dos más y la sexta será nuestra última sesión". Esto da a los niños la oportunidad de manifestar sus sentimientos cada semana y da al facilitador una idea de cómo afronta los finales cada niño.

Esta información puede compartirse con el maestro de los niños para que les ayude a afrontar los cambios que puedan producirse, en clase y al final del curso escolar.

También puede comunicarse a los nuevos maestros del niño al principio del curso escolar para permitirle controlar la transición a su clase de manera que satisfaga las necesidades individuales del niño.

Posibles razones de esto:

- Grace había cambiado de escuela y de casa tres veces en su vida.
- Su madre había tenido varias parejas; alguna a la que Grace se había apegado se había marchado abruptamente sin decir adiós.

La facilitadora de grupo pudo tranquilizar a Grace, reconociéndole sus sentimientos y asegurándose de que la prepararía hasta el final. También pudo hablar con su maestra para asegurarse de que advirtiera de antemano a Grace de cualquier cambio siempre que fuese posible, y de trabajar con ella a fin de prepararla para la transición al siguiente curso.

La oportunidad de que los niños participen en un final de forma positiva y vean reconocidos y validados sus sentimientos es esencial para su bienestar emocional. Durante la última sesión, se anima al facilitador a que exprese sus sentimientos sobre el final y reconozca que este puede ser difícil para los niños. Se anima a los facilitadores a que respondan positivamente a la expresión de los niños de sus propios sentimientos acerca del final de un modo que los valide y los "contenga".

Este acontecimiento positivo puede facilitarles a los niños un final completamente diferente en comparación con otros que hayan tenido previamente en los que las personas desaparecían de la noche a la mañana sin que les dieran ninguna explicación. Esta experiencia de los finales les facilita un nuevo patrón que es crucial para su salud emocional.

SOLUCIONAR LOS IMPREVISTOS

Las siguientes reacciones a los acontecimientos son raras y puede que no se produzcan nunca, pero conviene estar preparados, para tener todas las respuestas con las que se pueda encontrar:

- Si un niño *no quiere ir a una sesión*, compruebe con el niño si hay alguna razón, dígale a modo de reflexión que "puede sentirse un poco extraño al salir de clase" y anímelo a ir: "Puedes venir y ver lo que hacemos esta semana". Si sigue insistiendo en no acudir, dígale: "Te echaremos de menos y la próxima semana vendré y te llamaré de nuevo".
- Si un niño acude a la sesión pero *se muestra reacio a participar*, dígale: "Quizá no estés muy seguro sobre si participar hoy o no; puedes observar y ver lo que vamos a hacer y participar cuando te apetezca".
- Si un niño está interrumpiendo la sesión, recuérdele las reglas básicas y dígale que: "Puede ser difícil cumplir las reglas, me gustaría que...".

- Si un niño *abandona la sesión*, recuérdele las reglas básicas, anímelo a que se quede y dígale como reflexión: "Quizá no estés muy seguro de lo que vamos a hacer hoy; me pregunto si te ayudaría sentarte a mi lado".

- Si *es probable que la sesión se vea perturbada por otras reuniones* que tengan lugar en la sala o ruidos que suenen cerca, asegúrese de que todo el personal sepa de antemano que la sala estará en uso; después mencione el ruido procedente del exterior y comente como reflexión que "puede ser difícil concentrarse cuando hay mucho ruido fuera".

- Si *entran personas ajenas al grupo durante la sesión*, recuérdeles que está reunido con el grupo y pídales que vuelvan más tarde; ponga una señal en la puerta (véase la sección de materiales) y comente como reflexión que "es importante que no nos molesten porque nuestro tiempo juntos es valioso".

- Si *un niño quiere llevar lo que ha hecho con el grupo* esa semana, dígale: "Hoy quieres llevarte esto, pero puedes llevártelo todo la última semana".

- Si *un niño comenta algo sobre sí mismo,* por ejemplo: "Yo no tengo papá, solo tengo mamá", escuche al niño y respóndale adecuadamente; si el niño necesita hablar más, dedíquele un tiempo fuera del grupo en el que pueda hablar con usted. No olvide transmitir cualquier problema o preocupación al tutor o al director de la escuela.

- Si *un niño quiere darle su carpeta en vez de llevársela*, dígale que: "Puede que quieras dejarme algo para asegurarte que te recuerde, pero yo te seguiré viendo por la escuela y siempre puedes venir y hablar conmigo si te apetece".

- Si *un niño está ausente de la última sesión*, búsquelo la próxima vez que vaya a la escuela, coméntele que todos lo echaron de menos en la sesión y entréguele su carpeta.

10. Programa para el "Grupo de Amistad" y orientaciones para el facilitador

Este capítulo contiene un resumen semanal y orientaciones relativas a cada sesión para el facilitador del Grupo de Amistad. El resumen semanal presenta un sumario de cada sesión semanal y de las actividades. Las orientaciones para el facilitador son más detalladas y presentan ejemplos de reflexiones para utilizarlas durante las sesiones. Los materiales están en el Anexo, al final del libro.

RESUMEN: PRIMERA SEMANA

✓ Inicio (15 minutos)

- Presente el grupo; explique el tiempo y el número de sesiones.
- Invite a cada niño a que se siente a la mesa, ponga la etiqueta con su nombre (si procede), coloree su gráfico y escriba su nombre en su carpeta.
- Explique que usted se ocupará de las carpetas y que guardará todo hasta la última sesión, en la que podrán llevársela si quieren.
- Explique que el grupo comenzará y finalizará del mismo modo cada semana, pero la actividad central será diferente. Comente las reglas básicas para el grupo, anímelos a que aporten sus ideas, escríbalas y muéstrelas.
- Explique que, cada semana, les dará una tarea para que la hagan fuera del grupo por la que les preguntará la semana siguiente. Comente la importancia de su compromiso con ella y la de ayudarse unos a otros a recordarse que hay que hacerla.

✓ Actividad central (20 minutos). Hacer un "Póster de la Amistad"

- Explique que trabajarán por parejas haciendo un póster sobre lo que hace que alguien sea un buen amigo pueden dibujar y escribir. Anímelos a trabajar juntos y a compartir sus ideas. Pida a cada pareja que comparta su póster con la otra pareja y se den mutuamente retroinformación positiva.
- Explique que, como solo hay un póster, tienen que decidir cómo compartirlo. Si les cuesta hacerlo, el facilitador puede sugerir fotocopiarlo o que cada uno se lleve una mitad.

✓ Conclusión (5 minutos)

- Explique que su tarea para esta semana consiste en hablar con alguien de la escuela a quien ya conozcan y descubrir algo nuevo sobre ella.

GUÍA DEL FACILITADOR: PRIMERA SEMANA

Inicio (15 minutos)

- Si ya conoce a los niños y no están utilizando las pegatinas con el nombre, indique a los niños dónde le gustaría que se sentasen.

- Si está utilizando las pegatinas, ponga la de cada niño sobre la mesa, asegurándose de que los niños que necesiten más ayuda se sienten a su lado.

- Dígales que busquen su pegatina y se sienten alrededor de la mesa.

- Dígales como reflexión: "Puede pareceros raro salir de clase para venir hoy conmigo". "Al principio, puede resultaros incómodo, porque aún no os conocéis muy bien, pero pasaremos las próximas seis semanas conociéndonos mejor unos a otros".

- Comente que el "Grupo de Amistad" es una forma de ayudarlos a practicar y desarrollar nuevas destrezas, como compartir y respetar turnos, y las actividades son formas de ayudarlos a ello.

- Explique que estar en este grupo es un poco diferente al resto de cosas que hacen en la escuela porque aquí pueden optar por no participar en las discusiones si no quieren hacerlo.

- Dígales como reflexión: "Es muy importante que os sintáis a gusto estando aquí, poniendo en común vuestras ideas. Para algunos niños, esto es fácil y para otros, difícil, y eso es porque todos somos diferentes. Aquí no hay problema si necesitáis ayuda y podéis decirlo si no queréis participar en nuestras discusiones; este grupo es para ayudaros a que todo esto os resulte más fácil de hacer".

- Si un niño mira a su alrededor, comente: "Veo que estás mirando alrededor de la sala; quizá te sientas un poco raro estando aquí".

- Explique que los verá cada semana, durante seis semanas y, si usted tiene que faltar alguna semana debido a una excursión escolar o a que esté ausente, tendrá la sesión la siguiente semana, de manera que no la pierdan.

- Dígales que los verá a la misma hora, el mismo día de cada semana y muéstreles en el reloj la hora de comienzo y la de conclusión.

- Entregue a cada niño una carpeta y un gráfico de sesión. Dígales que coloreen la primera semana en su gráfico y señale que pueden escoger el color que quieren utilizar.

- Pídales que guarden el gráfico en su carpeta cuando hayan terminado.

- Si un niño necesita ayuda para hacer esto, dígale: "Puede ser difícil de hacer; ¿quieres que te ayude?"

- Explique que pueden escribir su nombre como quieran en su carpeta, porque es suya: "Podéis hacerlo con letra grande o pequeña, como queráis, pues es vuestra carpeta". Si un niño parece inseguro, diga: "Parece que no estás seguro de dónde o cómo escribirlo, pero recuerda que puedes escoger y no hay una forma que esté bien y otra que esté mal".

- Recoja las carpetas y explique que usted las guardará hasta la semana siguiente y diga: "Cuando vengáis la semana que viene, yo dejaré vuestras carpetas y gráficos esperándoos, igual que esta semana".
- Preséntenles la idea de unas reglas básicas para el grupo y anime a cada niño a que contribuya si lo desea; permita a los niños que se limiten a observar sin aportar nada, si quieren, y diga: "Puede ser difícil pensar en cosas que decir, de manera que no os preocupéis si no podéis pensar hoy una regla; miraremos esto de nuevo la próxima semana".
- Escriba las reglas básicas del grupo en cartulina y muestrelas para que todos los niños puedan verlas con facilidad. Explique que las reglas se expondrán cada semana para ayudar a que todo el mundo las cumpla.
- Explique la tarea semanal del grupo y diga: "Puede ser difícil recordar hacer esto, pero somos un grupo y os lo recordaré si os veo por la escuela y sería bueno que os lo recordaseis también unos a otros". Reconozca ante los niños que: "A veces, puede ser difícil recordar hacer cosas y es importante que nos ayudemos en esto unos a otros".

Actividad central (20 minutos)

- Explique que harán un póster por parejas sobre lo que hace de alguien un buen amigo.
- Explique que este será su póster y que pueden decidir juntos cómo quieren hacerlo, que pueden escribir y dibujar si quieren y que usted los ayudará con la ortografía si lo necesitan. Dígales: "No hay formas correctas ni incorrectas de hacer vuestros pósteres. Lo importante es tratar de trabajar juntos y compartir vuestras ideas y yo puedo ayudaros a hacerlo". Invítelos a pensar en cosas que les gusten y en cualidades que puedan tener sus amigos. Examine con ellos "qué hace de alguien un buen amigo".
- Anímelos a identificar qué destrezas pueden tener que utilizar para trabajar juntos y presente conceptos como "negociar" y "hacer concesiones". Examine con ellos si saben lo que significan estas expresiones, cuándo puede ser conveniente utilizarlas y qué dificultades puede tener utilizarlas.
- Anímelos a compartir sus ideas por parejas y reconózcales: "Quizá no sepáis muy bien cómo empezar, pero recordad que no hay formas acertadas ni equivocadas de hacer esto; es vuestro póster y podéis escoger qué aspecto os gustaría que tuviese".
- Mientras están trabajando sobre los pósteres, anímelos a que trabajen juntos y asegúrese de que todos los niños contribuyan por igual.
- Si un niño se adueña del trabajo o no escucha las ideas del otro niño, diga: "Veo que tienes montones de buenas ideas, pero recuerda que estamos trabajando como un equipo, por lo que es importante que [nombre del niño] aporte también sus ideas". Mientras están trabajando, comente: "A veces, puede ser difícil trabajar juntos en algo cuando ambos podéis tener

COMPRENDER Y MEJORAR LA CONDUCTA
TRABAJANDO EN GRUPO

ideas diferentes, pero hacéis bien escuchándoos unos a otros, compartiendo ideas y trabajando juntos".

- Si se da cuenta de que un niño se queda mirando el póster de otros niños, puede comentar: "Veo que estás mirando su póster y quizá estés comparando lo que estáis haciendo en vuestro póster; recuerda que ellos no harán lo mismo que vosotros porque sois personas diferentes y tenéis formas diferentes de hacer las cosas".

- Dedique un tiempo a cada póster, pero no haga elogios ni comentarios positivos aún, porque esto puede influir en lo que otra pareja esté haciendo en su póster.

- Avíselos cuando les queden cinco minutos, y después un minuto, para que puedan administrar el tiempo.

- Cuando hayan terminado los pósteres, pídales que los compartan y se den mutuamente retroinformación positiva.

- Elógielos a todos por su trabajo y comente lo que le guste de cada póster.

- Invítelos a que piensen en las destrezas que hayan tenido que utilizar para trabajar en sus equipos y las nombren, por ejemplo: paciencia, escucha, cooperación, respetar turnos, etc.

- Explique que, como solo hay un póster y son dos en cada equipo, tienen que decidir cómo lo compartirán de un modo que sea justo para ambos. Si un niño dice que el otro niño puede quedarse con él, comente: "Es un buen detalle por tu parte, pero los dos habéis trabajado mucho en el póster por lo que me gustaría que pensaseis en una forma que os permitiese compartirlo".

- Si les resulta difícil resolver este problema, puede sugerirles que lo fotocopien (haga esto después de que usted los haya devuelto a su clase) o que cada uno se quede con una mitad de manera que conserven el póster.

- Asegúrese de que cada niño tenga una parte o una fotocopia en su carpeta y recuérdeles que usted guardará las carpetas hasta la última sesión, cuando podrán llevárselas a casa.

- Comente: "Quizá os gustaría llevaros lo que habéis hecho hoy, pero yo me encargaré de guardaros todas las cosas en vuestras carpetas".

Conclusión (5 minutos)

- Recuérdeles que usted mencionó la tarea semanal para hacerla fuera del grupo cada semana y explique que le gustaría que se comprometieran a hacerla cuando hable sobre ella al principio de la semana.

- Examine con ellos lo que usted quiere decir al hablar de compromiso y reconozca que "a veces, todos olvidamos cosas y no tendréis problema si os olvidáis, pero todos trabajaremos para ayudaros a recordarlo la siguiente vez". Esto promueve un sentido de pertenencia y de responsabilidad de grupo.

- Explique que la tarea para esta semana es hablar con alguna persona de la escuela a quien ya conozcan y descubran algo nuevo sobre ella.

- Recuérdeles que les preguntará sobre ello la semana siguiente y comente que "puede que, al principio, resulte un poco incómodo hacer las tareas cada semana, pero a menudo se siente algo así cuando se hace algo por primera vez".

- Reconozca que no siempre es fácil hacer la tarea y pregúnteles cómo pueden ayudarse uno a otro en esto; por ejemplo, recordándoselo uno a otro, ayudándose si alguien lo necesita.

- Elógielos por su trabajo en la sesión y dígales que los verá a la misma hora y en la misma sala la semana siguiente.

- Acompáñelos a sus clases.

RESUMEN: SEGUNDA SEMANA

✓ Inicio (10 minutos)

- Invite a cada niño a que coloree su gráfico.
- Compruebe si recuerdan las reglas básicas y pregúnteles si quieren añadir alguna.
- Pregúnteles por la tarea que han realizado en la semana y comenten cómo se sienten al respecto.

✓ Actividad central (25 minutos)

- Explique que usted observará cómo hacen nuevos amigos esta semana y entregue a cada niño la "Entrevista de comprensión de las diferencias".
- Póngalos por parejas e invítelos a hacer las entrevistas juntos, respetando el turno para hacer las preguntas.
- Anime a cada niño a que comparta cómo se sintió haciendo las entrevistas y formulando preguntas y comente lo que le gustó y lo que no le gustó.

✓ Conclusión (5 minutos)

- Explique que la tarea para esta semana consiste en que escojan a un niño con el que nunca hayan jugado antes y dediquen algún tiempo a conocerlo, recuérdeles las preguntas que acaban de hacer e indíqueles que pueden utilizarlas si les hace falta.

GUÍA DEL FACILITADOR: SEGUNDA SEMANA

Inicio (10 minutos)

- Ponga la carpeta de cada niño sobre la mesa en el mismo sitio que la semana anterior y cuelgue en la pared las reglas básicas. Invítelos a buscar su carpeta y el color en su gráfico de sesión.

- Dígales que está encantado de verlos de nuevo y que guarden su gráfico de sesión en su carpeta.
- Muéstreles en el reloj la hora de inicio y de conclusión.
- Pregúnteles si recuerdan las reglas básicas y muéstreselas, indicando si alguien quiere añadir algo a las reglas básicas. Recuérdeles que está bien si no quieren añadir nada.
- Pregúnteles si todos han hecho la tarea. Si uno o varios niños no la han hecho, dígales: "Quizá os sintierais un poco incómodos haciéndola o quizá no os acordaseis. ¿Qué podríamos hacer para ayudaros a hacer la tarea esta semana?"
- Pregunte a los niños que hayan hecho la tarea cómo se sintieron haciéndola; pídales que compartan sus ejemplos y si la tarea les pareció bien o les resultó un poco difícil.
- Elógielos por hacer la tarea y recordarla.
- Si un niño ha ayudado a otro a recordarlo, destaque lo amable que ha sido ese niño.

Actividad central (25 minutos)

- Explique que la actividad de esta semana consiste en hacer nuevos amigos y señale que esto no siempre es fácil de hacer, por eso esta actividad les dará la oportunidad de practicar algunas cosas que pueden ayudarlos en esta iniciativa.
- Dispóngalos por parejas, asegurándose de que trabajen con un niño diferente al de la semana anterior.
- Dé a cada niño la hoja de la "Entrevista de comprensión de las diferencias" y deles la opción de utilizar un bolígrafo o un lápiz.
- Reconozca que "a veces, necesitamos la ayuda de un adulto en algunas cosas y yo puedo ayudaros en esto si queréis".
- Si un niño no está seguro o ve que mira los bolígrafos y lápices para ver qué han escogido los otros niños, dígale: "A veces, puede ser difícil tomar decisiones; veo que estás mirando lo que han escogido los demás niños; es importante que escojas lo que quieras utilizar, aunque sea diferente del resto del grupo".
- Dígale a cada pareja que sigan un turno entrevistando al otro y rellenando la hoja. Pueden hacer una pregunta cada vez o la hoja completa, como prefieran.
- Dígales: "No es un test de ortografía, así que preguntadme si necesitáis ayuda con esto".
- Adviértales: "Al principio, uno puede sentirse incómodo haciendo estas preguntas, pero puede ser más fácil cuando hagáis más. Recordad que no hay respuestas buenas ni malas y podéis escoger lo que digáis como respuesta".

- Deles permiso para no responder a algunas preguntas, diciendo: "Si no queréis responder a una pregunta, no hay problema; simplemente, pasad a la siguiente. Podemos hablar de ellas después para aseguraros de que estáis contentos con que vuestras respuestas se compartan con todos".

- Dedique el mismo tiempo a cada pareja y ayúdelos con la ortografía si lo necesitan.

- Si se percata de que a uno o a varios niños les resulta difícil o no saben muy bien qué decir, dígales: "A veces, puede ser difícil responder a preguntas sobre nosotros mismos".

- Pueden necesitar ayuda adicional con la última pregunta: "Una cosa que podría enseñarme mi nuevo amigo es...".

- Puede decirles que cada niño piense en lo que hace bien o le gusta hacer y vea si podría enseñárselo a la otra persona.

- Avíselos cuando les queden cinco minutos y cuando les quede un minuto.

- Cuando hayan acabado, pregúnteles cómo se han sentido haciendo las entrevistas y formulando las preguntas; puede empezar preguntando qué les ha gustado y qué no, si necesitan ayuda para empezar.

- Dígales que guarden su hoja en su carpeta y recuérdeles que usted guardará las carpetas hasta la última semana.

- Comente: "Quizá os gustaría llevaros lo que habéis hecho hoy, pero yo me encargaré de guardaros todas las cosas en vuestras carpetas".

Conclusión (5 minutos)

- Explique que la tarea para esta semana consiste en que escojan a un niño con el que nunca hayan jugado y pasen algún tiempo tratando de conocerlo.

- Recuérdeles las preguntas que acaban de hacer e indíqueles que pueden utilizarlas si lo necesitan.

- Dígales: "Uno puede sentirse un poco incómodo haciendo esto y podéis sentiros un poco asustados al principio, pero me gustaría que procuraseis hacerlo; después podremos hablar acerca de cómo se siente uno cuando nos reunamos la semana próxima".

- Reconozca que no siempre es fácil hacer la tarea y pregúnteles cómo pueden ayudarse uno a otro en esto; por ejemplo, recordándoselo uno a otro, ayudándose si alguien lo necesita.

- Elógielos por su trabajo en la sesión.

- Dígales que los verá a la misma hora y en la misma sala la semana siguiente.

- Acompáñelos a sus respectivas clases.

RESUMEN: TERCERA SEMANA

✓ **Inicio (10 minutos)**

- Invite a cada niño a colorear su gráfico.
- Compruebe si recuerdan las reglas básicas y pregúnteles si quieren añadir alguna.
- Pregúnteles por la tarea que han realizado en la semana y comente cómo se sienten al respecto.

✓ **Actividad central (25 minutos)**

- Presente la idea de hacer "bichos de amistad" y explique que cada uno añadirá una parte al bicho del otro.
- Anímelos a pensar en las destrezas que implica esta actividad: por ejemplo, cooperación, paciencia, etc.
- Dé a cada niño una hoja de cartulina y pídales que dibujen una cabeza para su bicho.
- Haga que pasen los bichos de uno a otro y pida que cada niño añada un cuerpo al bicho.
- Haga que pasen de nuevo al siguiente y pida que cada niño añada una pata al bicho.
- Haga que pasen al siguiente y pida que cada niño añada otra pata al bicho.
- Haga que vuelvan a pasar las cartulinas de manera que cada niño recupere su bicho y anímelos a que añadan más patas o antenas, etc., si lo desean.
- Pida a cada niño que comente cómo se ha sentido haciendo los bichos y cómo se sienten con respecto a su propio bicho.

✓ **Conclusión (5 minutos)**

- Explique que la tarea para esta semana implicaba cooperar y pídales que cooperen con alguna persona esta semana y traigan su ejemplo para compartirlo con el grupo la semana siguiente.

GUÍA DEL FACILITADOR: TERCERA SEMANA

Inicio (10 minutos)

- Ponga la carpeta de cada niño sobre la mesa en el mismo sitio que la semana anterior y cuelgue en la pared las reglas básicas.
- Anímelos a buscar su carpeta y a colorear su gráfico de sesión.
- Dígales que está encantado de verlos de nuevo.
- Dígales que guarden su gráfico de sesión en su carpeta.
- Muéstreles en el reloj la hora de inicio y de conclusión.
- Pregúnteles si recuerdan las reglas básicas y muéstreselas.

- Pregunte si alguien quiere añadir algo a las reglas básicas y recuérdeles que está bien si no quieren añadir nada.
- Pregúnteles si todos han hecho la tarea. Si uno o varios niños no la han hecho, dígales: "Quizá os sintierais un poco incómodos haciéndola o quizá no os acordaseis. ¿Qué podríamos hacer para ayudaros a hacer la tarea esta semana?"
- Pregunte a los niños que hayan hecho la tarea cómo se sintieron haciéndola; pídales que compartan sus ejemplos y si era algo que les pareció bien o les resultó un poco difícil.
- Examine con ellos qué se siente al abordar a alguien con quien nunca han jugado antes; presente palabras nuevas como "embarazoso", "incómodo", etc. y pregúnteles si saben lo que significan.
- Elógielos por hacer la tarea y reconózcales lo valientes que han sido probando algo nuevo, pues puede dar un poco de miedo hacerlo.

Actividad central (25 minutos)

- Explique que la tarea para esta semana consiste en hacer "bichitos de amistad" y anímelos a que piensen en las destrezas que necesitarán para esta actividad.
- Presente los conceptos de aceptación y tolerancia y vea si saben lo que significan.
- Explique que, como cada niño añadirá una parte al bichito de cada persona y cada miembro del grupo es diferente, puede que no les guste cómo ha hecho esto otra persona.
- Reconozca que "no es fácil hacer esto, pero aquí estamos practicando nuevas formas de comportarnos y ser tolerantes con los otros es una forma de hacerlo".
- Explique que hay diferencia entre no ser sincero o ser mentiroso, porque eso supone ser consciente de cómo puede sentirse otra persona cuando le decimos cosas.
- Recuerde a los niños que piensen en esto cuando hagan un comentario sobre cómo se sienten con respecto a su bichito e insista en que puede ser difícil hacerlo, pero le gustaría que todos lo hiciesen.
- Dé a cada niño una cartulina y pídales que dibujen una cabeza para su bicho, que cada uno lo pase a su compañero y que cada niño dibuje un cuerpo para el bicho.
- Pídales que pasen el bicho al compañero siguiente y que cada niño añada una pata al bicho y después lo pase de nuevo al compañero siguiente y que cada niño añada otra pata al bicho.
- Pídales que lo pasen a su compañero de manera que cada niño recupere el suyo y anímelos a añadir más patas o antenas, etc., si lo desean.
- Pida a cada niño que comparta cómo se ha sentido haciendo los bichos y qué sienten ahora con respecto a su propio bicho, recordándoles que tra-

ten de ser considerados y bondadosos cuando lo hagan. Elógielos por ser capaces de hacer eso y por ser tolerantes con los demás.

- Dígales que guarden su bicho en su carpeta y recuérdeles que usted guardará las carpetas hasta la última semana.

Conclusión (5 minutos)

- Explique que una de las destrezas que la tarea de hoy les ha impuesto es cooperar, y compruebe que han entendido lo que esto significa.
- Explique que la tarea para esta semana consiste en cooperar con alguien durante la semana y traer su ejemplo para compartirlo con el grupo la semana siguiente.
- Reconozca que no siempre es fácil hacer la tarea y pregúnteles cómo pueden ayudarse uno a otro en esto; por ejemplo; recordándoselo uno a otro, ayudándose si alguien lo necesita.
- Elógielos por su trabajo en la sesión y dígales que los verá a la misma hora y en la misma sala la semana siguiente.
- Acompáñelos a sus clases.

RESUMEN: CUARTA SEMANA

✓ Inicio (10 minutos)

- Invite a cada niño a colorear su gráfico. Compruebe si recuerdan las reglas básicas y pregúnteles si quieren añadir alguna.
- Pregúnteles por la tarea que han realizado en la semana y comente cómo se sienten al respecto.

✓ Actividad central (25 minutos)

- Explique que la actividad de esta semana implica trabajar juntos y hacer un *collage* entre todos. Comente que esto puede ser muy difícil de hacer porque cada uno puede tener ideas diferentes, etc.
- Dé al grupo una cartulina de tamaño A3 y una selección de materiales de *collage* y rotuladores y anímelos a trabajar juntos y hacer sugerencias. Cuando tengan casi acabado el *collage*, explique que, como solo hay un *collage* y ellos son cuatro, le gustaría que decidiesen como grupo lo que les gustaría hacer con el *collage*.
- Cuando hayan terminado el *collage*, pida a cada persona que diga qué le ha gustado y qué le ha parecido difícil (si hay algo que le haya parecido así) de la actividad.

✓ Conclusión (5 minutos)

- Comente la idea de sentirse excluido o celoso y explique que usted estará atento a esto la semana siguiente. Pídales que traigan un ejemplo de cuando se hayan sentido así para compartirlo con el grupo la semana siguiente.

GUÍA DEL FACILITADOR: CUARTA SEMANA

Inicio (10 minutos)

- Ponga la carpeta de cada niño sobre la mesa en el mismo sitio que la semana anterior y cuelgue en la pared las reglas básicas.
- Invítelos a buscar su carpeta y a colorear su gráfico de la sesión.
- Coménteles que está encantado de verlos de nuevo.
- Dígales que guarden su gráfico de sesión en su carpeta.
- Muéstreles en el reloj la hora de inicio y de conclusión.
- Pregúnteles si recuerdan las reglas básicas y muéstreselas.
- Pregunte si alguien quiere añadir algo a las reglas básicas y recuérdeles que está bien si no quieren añadir nada.
- Pregúnteles si todos han hecho la tarea. Si uno o varios niños no la han hecho, dígales: "Quizá os sintierais un poco incómodos haciéndola o quizá no os acordaseis. ¿Qué podríamos hacer para ayudaros a hacer la tarea esta semana?"
- Pregunte a los niños que hayan hecho la tarea cómo se sintieron haciéndola; pídales que compartan sus ejemplos y si era algo que les pareció bien o les resultó un poco difícil.

Actividad central (25 minutos)

- Explique que la tarea para esta semana consiste en trabajar juntos como equipo y hacer entre todos un *collage*.
- Explique la tarea y reconozca que, para ellos, puede ser difícil hacerla como grupo; por ejemplo: "Daniel puede querer que hagáis algo sobre fútbol porque eso es lo que le gusta, pero, en cambio, John puede querer hacer un dibujo de la playa. Me pregunto qué destrezas tendréis que utilizar para aseguraros de que todo el mundo se sienta contento y que todos intervengan".
- Anímelos a pensar en las destrezas que necesitarán: por ejemplo, cooperación, escucha, respetar turnos, negociar, aceptar compromisos, etc.
- Examine con ellos lo que significa cada palabra y anímelos a comenzar la tarea.
- Tenga presente cada destreza y elógielos cuando la hayan utilizado; por ejemplo: "Bien hecho, Kiera. Sé que querías utilizar primero el rotulador verde, pero negociaste muy bien con Claire acerca de cómo hacerlo".
- Dé al grupo una cartulina de tamaño A3 y una selección de materiales de *collage* y rotuladores y anímelos a trabajar juntos y hacer sugerencias.
- Explíqueles que, como solo hay un *collage* y ellos son cuatro, le gustaría que decidiesen como grupo qué pueden hacer para asegurarse de que sea justo para todos. Anímelos para que piensen en formas de actuar que sean justas para todos.

- Si sugieren dárselo a un niño o a usted, dígales: "Aunque sea una idea muy generosa, me gustaría que vieseis si hay alguna forma de que todos podáis tenerlo".

- Si les cuesta concebir ideas o alcanzar una solución, dígales: "Parece que os resulta muy difícil llegar a una solución y me pregunto si necesitáis ayuda de un adulto. ¿Qué podéis hacer para aseguraros de que todos tengáis una copia o una parte que llevaros a casa ya que habéis trabajado tanto en ello?". Puede hacer fotocopias en color de manera que cada uno tenga una copia o pueden cortar el original en cuatro partes y que cada uno se quede con una parte.

- Avíselos cuando queden cinco minutos y después un minuto para que puedan controlar su tiempo.

- Cuando hayan terminado el *collage,* examine con ellos qué les ha gustado de la actividad y qué les ha parecido difícil.

- Recuérdeles que pueden optar por no compartir si no quieren.

- Reconózcales que las destrezas que han estado practicando pueden ser difíciles de aprender y comente: "A veces, puede ser difícil trabajar como equipo y asegurarse de escuchar a cada uno y considerar las ideas de cada cual, pero habéis trabajado realmente bien juntos".

- Asegúrese de que cada niño tenga una parte o una fotocopia en su carpeta y recuérdeles que pueden llevarse su carpeta a casa la semana última.

- Comente: "Quizá os gustaría llevaros lo que habéis hecho hoy, pero yo me encargaré de guardaros todas las cosas en vuestras carpetas".

Conclusión (5 minutos)

- Dígales que ha observado diferentes sentimientos en el grupo y que abordará la idea de sentirse excluido o celoso, con más detalle la semana siguiente. Examine con ellos lo que eso significa y pídales que traigan un ejemplo de cuando hayan sentido esto para compartir con el grupo la semana siguiente.

- Comente: "Puede resultar un poco incómodo admitir que nos sentimos celosos o excluidos, pero todo el mundo siente esto a veces y hablar de ello puede ayudar con esos sentimientos. Está bien sentirse así y vamos a fijarnos en ello la semana próxima".

- Reconozca que no siempre es fácil hacer la tarea y pregúnteles cómo pueden ayudarse uno a otro en esto.

- Elógielos por su trabajo en la sesión y dígales que los verá a la misma hora y en la misma sala la semana siguiente.

- Acompáñelos a sus clases.

RESUMEN: QUINTA SEMANA

✓ **Inicio (10 minutos)**

- Invite a cada niño a que coloree su gráfico.
- Compruebe si recuerdan las reglas básicas y pregúnteles si quieren añadir alguna.
- Pídales que compartan su experiencia de sentirse excluidos o celosos.

✓ **Actividad central (25 minutos)**

- Explique que leerá una historia sobre los celos y después hablará de ello.
- Utilice las preguntas para la discusión.
- Disponga a los niños por parejas y anímelos a pensar en un final diferente para la historia y en representarlo para el resto del grupo. Invite a cada pareja para que después dé retroinformación a la otra pareja y dialoguen acerca de cómo se sintieron pensando en un final diferente.

✓ **Conclusión (5 minutos)**

- Ponga el nombre de cada niño en una hojita de papel, dóblela y entregue una a cada niño, asegurándose de que no sea la de su nombre.
- Explique que la tarea de esta semana implica que escriban una carta corta o hagan un dibujo para la persona que les haya tocado y la traigan la semana siguiente para dárselo a esa persona. Entregue a cada niño una hoja de papel y un sobre para que lo utilicen en la tarea.

GUÍA DEL FACILITADOR: QUINTA SEMANA

Inicio (10 minutos)

- Ponga la carpeta de cada niño sobre la mesa en el mismo sitio que la semana anterior y cuelgue en la pared las reglas básicas.
- Invítelos a buscar su carpeta y a colorear su gráfico de la sesión.
- Dígales que está encantado de verlos de nuevo.
- Dígales que guarden su gráfico de sesión en su carpeta.
- Muéstreles en el reloj la hora de inicio y de conclusión.
- Pregúnteles si recuerdan las reglas básicas y muéstreselas.
- Pregunte si alguien quiere añadir algo a las reglas básicas y recuérdeles que está bien si no quieren añadir nada.
- Pídales que compartan su experiencia de sentirse excluidos o celosos y comente: "Recordad que dijimos la semana pasada que puede resultar incómodo hablar sobre esto, pero todo el mundo se siente así a veces".
- Invite a cada niño a compartir, pero, si un niño parece incómodo o avergonzado, comente: "Sé que puede ser difícil compartir esto, pero recordad que está bien sentirse así y que puede ser bueno hablar de ello".

- Recuérdeles que pueden optar por no compartir nada si no quieren.
- Si uno o varios niños no han hecho la tarea, dígales: "Quizá os sintierais un poco incómodos haciéndola o quizá no os acordaseis. ¿Qué podríamos hacer para ayudaros a hacer la tarea esta semana?"
- Pregunte a los niños que hayan hecho la tarea cómo se sintieron haciéndola; pídales que compartan sus ejemplos y si era algo que les pareció bien o les resultó un poco difícil.
- Reconozca su trabajo y elógielos: "Gracias por ser abiertos y sinceros y por compartir cómo os sentisteis; no siempre es fácil hacerlo".

Actividad central (25 minutos)

- Explique que esta semana leerá una historia sobre celos y que hablará de ello más tarde.
- Asegúrese de que cada niño está cómodo en su silla antes de que usted empiece a leer y explique que después pensará en algunas de las cosas que ocurren en la historia y hablará sobre ellas.
- Lea la historia "Emily siente celos" (véase la sección de materiales, pág. 173).
- Revise las preguntas, una a una (véase la sección de materiales, pág. 174), e invite a responder a distintos niños sin preguntarles directamente, pero teniendo muy en cuenta a los niños que no participen. Comente: "Quizá algunas partes de la historia os recuerden cómo os sentís a veces y puede ser difícil pensar en momentos en los que os habéis sentido así".
- Cuando llegue a la última pregunta acerca de qué podrían hacer la próxima vez que se sientan así, anímelos a identificar sus propias soluciones si es posible, pero deles una pista si lo necesitan, diciendo: "¿Podría ayudar contarle a alguien cómo te sientes? ¿Qué persona podría ser?"
- Disponga a los niños por parejas de manera que los dos niños más seguros de sí mismos del grupo se sienten con los dos menos seguros.
- Explíqueles que le gustaría que pensasen en un final diferente para la historia y lo representasen ante el grupo.

Conclusión (5 minutos)

- Dígales que la próxima semana será la última y comente: "Puede resultar un poco triste cuando hemos trabajado juntos durante un tiempo y yo he disfrutado conociéndoos un poco más que antes de que tuviéramos nuestro grupo".
- Explique que les dará una hojita de papel con el nombre de otro niño y una hoja y un sobre.
- Explique que la tarea supone escribir una carta corta o hacer un dibujo para esa persona y tienen que traerla al grupo la semana siguiente.
- Enfatice la importancia de hacer la tarea diciendo: "Es muy importante que todos nos acordemos de hacer esta tarea; ¿cómo te sentirías si alguien se olvidara de hacer una para ti?

- Reconozca que no siempre es fácil hacer la tarea y pregúnteles cómo pueden ayudarse uno a otro en esto; por ejemplo, recordándoselo uno a otro, ayudándose si alguien lo necesita.
- Elógielos por su trabajo en la sesión y dígales que los verá a la misma hora y en la misma sala la semana siguiente.
- Acompáñelos a sus clases.

RESUMEN: SEXTA SEMANA

✓ **Inicio (10 minutos)**

- Invite a cada niño a que coloree su gráfico.
- Compruebe si recuerdan las reglas básicas y pregúnteles si quieren añadir alguna.
- Pida a cada niño que le dé su carta al otro niño y que este la abra.
- Anime a cada niño a decir cómo se siente por haber hecho y recibido una carta.
- Pídales que guarden su carta en su carpeta.

✓ **Actividad central (25 minutos)**

- Recapitule cada semana y anímelos a que recuerden las actividades y tareas que han llevado a cabo.
- Entregue una caja a cada niño y dígale que escriba su nombre en ella.
- Pídales que cada niño pase la caja al niño que tenga al lado y dígales que la adornen para el otro niño y se la devuelvan.
- Dé a cada niño tres hojas de papel con el nombre de cada uno de los otros tres niños del grupo escrito en cada una de ellas.
- Pídales que escriban lo que les ha gustado de estar en el grupo con la persona que figura en el papel.
- Pida a cada niño que sostenga la caja mientras los otros niños meten su papel en ella.
- Anime a cada niño a leer los comentarios que haya recibido del resto del grupo y a que diga cómo se siente haciendo esta actividad.

✓ **Conclusión (5 minutos)**

- Entregue a cada niño su carpeta y explique que pueden llevársela si les gusta.
- Reconózcales lo bien que han trabajado y cuánto ha disfrutado pasando el tiempo con ellos.

GUÍA DEL FACILITADOR: SEXTA SEMANA

Inicio (10 minutos)

- Ponga la carpeta de cada niño sobre la mesa en el mismo sitio que la semana anterior y cuelgue en la pared las reglas básicas.

- Invítelos a buscar su carpeta y a colorear su gráfico de la sesión.
- Dígales que está encantado de verlos de nuevo.
- Dígales que guarden su gráfico de la sesión en su carpeta.
- Muéstreles en el reloj la hora de inicio y de conclusión.
- Pregúnteles si recuerdan las reglas básicas y muéstreselas.
- Pregunte si alguien quiere añadir algo a las reglas básicas y recuérdeles que está bien si no quieren añadir nada.
- Pida a cada niño que dé su carta al otro niño y que la abra.
- Si un niño no ha hecho la tarea, coméntele como cree que se sentirá su compañero al no recibir la carta (esto es poco probable porque usted hablará con ellos durante la semana para asegurarse de que la hayan realizado). Comente: "Me pregunto qué tienes que decirle a (nombre del niño), porque creo que si fuese yo me sentiría molesto y excluido".
- Examine con el grupo cómo se sienten con respecto a la tarea y al recibir la carta. Pídales que guarden su carta en su carpeta.
- Recuérdeles que esta es su última semana y responda adecuadamente a los comentarios que puedan hacer, por ejemplo: "Sé que os puede resultar triste porque hemos trabajado juntos durante seis semanas".
- Recapitule cada semana y anímelos a recordar las actividades. Puede llevar una lista para ayudarlo a recordar.
- Mientras están haciendo esto, puede mencionar los momentos memorables para usted; p. ej.: "Recuerdo cuando hicisteis juntos el *collage* y lo hicisteis muy bien trabajando como parte de un equipo".
- Responda adecuadamente a los comentarios que hagan los niños acerca de los recuerdos que tengan diciendo: "Veo que tenéis también buenos recuerdos de nuestro tiempo juntos en el grupo".

Actividad central (25 minutos)

- Dé a cada niño una caja, pidiéndole que escriba su nombre en ella y se la entregue al niño que se sienta a su lado para que la adorne.
- Recuérdeles la actividad del "bicho de la amistad" y comente: "Recordad esta actividad en la que todos hicisteis una parte para otra persona y hablamos acerca de qué se siente cuando otra persona hace algo y puede que no sea lo mismo que nosotros haríamos; ¿recuerda alguien qué destrezas decidimos utilizar para ayudarnos?"
- Si nadie lo recuerda, dígales: "Eran la aceptación y la tolerancia; ¿y por qué tenemos que utilizar de nuevo estas destrezas en esta actividad?"
- Mientras están adornando las cajas, valore con ellos qué se siente al hacer algo para otra persona y los sentimientos que activa. Por ejemplo, ¿qué se siente cuando hacemos algo bueno?
- Anímelos a pensar en otras situaciones en las que pueden hacer algo bueno para alguien y examine qué pueden sentir al respecto.

- Recuérdeles que pueden optar por no compartir si no lo desean. Examine situaciones en casa y en la escuela en las que puedan hacer esto y anímelos a hacerlo durante la semana.
- Comente: "Recordad que podemos sentirnos realmente bien al hacer algo bueno o amable para otra persona".
- Cuando hayan adornado las cajas, pídales que la entreguen al niño cuyo nombre figura en la caja.
- Dé a cada niño tres hojas de papel en cada una de las cuales aparezca el nombre de uno de los otros niños del grupo.
- Dígales que piensen en cada uno de los niños con los que han trabajado en el grupo y comente: "Pensad en las veces que habéis trabajado con ellos en una actividad por parejas o con ellos en el grupo y lo que os ha gustado de estar en el grupo con ellos. Recordad que no es un examen de ortografía y puedo ayudaros con las palabras de las que no estéis seguros".
- Pida a cada niño que sostenga su caja mientras los demás niños meten en ella las hojas de papel.
- Anime a cada niño a leer en voz alta los comentarios que haya recibido al resto del grupo. Si el tiempo se acaba, pida a cada niño que lea uno.
- Si un niño necesita ayuda en esto, comente: "A veces necesitamos ayuda de otras personas para leer y en eso puedo ayudaros".
- Si un niño no está seguro o no quiere leer en voz alta los comentarios, usted puede ofrecerse a leerlos en voz alta y diga: "A veces, es más fácil que otras personas lean cosas que se han escrito sobre nosotros y eso lo puedo hacer".
- Anime a cada niño a decir qué se siente al hacer esta actividad.
- Si un niño no quiere o parece incómodo, comente: "Veo que no estás muy seguro de hacer eso y está bien si no quieres hacerlo".

Conclusión (5 minutos)

- Entregue a cada niño su carpeta y su caja y explíqueles que pueden llevárselas si les apetece.
- Si un niño no quiere llevarse la carpeta o la caja, comente: "Quizá no estés muy seguro de llevarlas al aula; puedes recogerla en la entrada a la escuela o en la oficina (dependiendo de lo que sea más adecuado en su escuela) a la hora de ir a casa, si lo prefieres".
- Comente que "a veces, las despedidas resultan tristes y yo lo he pasado muy bien con vosotros, y habéis trabajado mucho y bien aquí. Aunque ya no tengamos nuestro grupo, nos seguiremos viendo por la escuela; sé que no será lo mismo, pero siempre podéis venir y hablar conmigo, si queréis".
- Acompáñelos a sus clases.

11. Programa para el *"Grupo de Autoestima"* y orientaciones para el facilitador

Este capítulo contiene un resumen semanal y orientaciones relativas a cada sesión para el facilitador del "Grupo de Autoestima". El resumen semanal presenta un sumario de cada sesión semanal y de las actividades. Las orientaciones para el facilitador son más detalladas y presentan ejemplos de reflexiones para utilizarlas durante las sesiones. Los materiales están en el Anexo.

RESUMEN: PRIMERA SEMANA

✓ **Inicio (15 minutos)**

- Presente el grupo; explique el tiempo y el número de sesiones.
- Invite a cada niño a sentarse en su sitio, ponga la etiqueta con su nombre (si procede), coloree su gráfico y escriba su nombre en su carpeta.
- Explique que usted se ocupará de las carpetas y que guardará todas hasta la última sesión, en la que podrán llevárselas si quieren.
- Explique que el grupo comenzará y finalizará del mismo modo cada semana, pero la actividad central será diferente.
- Comente las reglas básicas, anímelos a que aporten sus ideas.
- Explique que, cada semana, se les dará una tarea para que la hagan fuera del grupo por la que se les preguntará la semana siguiente.

✓ **Actividad central (20 minutos)**

- Explique que harán un póster individual "todo sobre mí" y que pueden escribir o dibujar cosas sobre sí mismos, sus gustos y lo que no les gusta.
- Pida a cada niño que comparta su póster con el grupo y anímelos a todos a buscar semejanzas y diferencias. Pida a cada niño que comente qué se siente al compartir su póster con el grupo.
- Utilice esta discusión como una oportunidad para examinar diferencias entre las personas, siendo positivo, y presente la importancia de la singularidad.

✓ **Conclusión (5 minutos)**

- Explique que la sesión acabará del mismo modo cada semana, pidiéndoles que compartan algo sobre sí mismos. Rodee el grupo y pida a cada niño que diga una cosa que le guste.

GUÍA DEL FACILITADOR: PRIMERA SEMANA

Inicio (15 minutos)

- Si ya conoce a los niños y no están utilizando las pegatinas con el nombre, indique a los niños dónde le gustaría que se sentasen.
- Si está utilizando las pegatinas, ponga la de cada niño sobre la mesa, asegurándose de que los niños que necesiten más ayuda se sienten a su lado.
- Dígales que busquen su pegatina y se sienten en su sitio.
- Dígales como reflexión: "Puede pareceros raro salir de clase para venir hoy conmigo".
- Dígales: "Puede resultar incómodo al principio porque aún no nos conocemos muy bien, pero pasaremos las próximas seis semanas conociéndonos mejor unos a otros".
- Comente que el grupo es una forma de ayudarlos a practicar y desarrollar nuevas destrezas, como compartir y respetar turnos, y las actividades son formas de ayudarlos a ello.
- Explique que estar en este grupo es un poco diferente del resto de la escuela porque aquí pueden optar por no participar en las discusiones si no quieren hacerlo.
- Dígales como reflexión: "Es muy importante que os sintáis a gusto aquí, poniendo en común vuestras ideas. Para algunos niños, esto es fácil y para otros, difícil, y eso es porque todos somos diferentes. Si necesitáis ayuda, no hay ningún problema y, si no queréis participar en nuestras discusiones, podéis decirlo, pero este grupo es para ayudaros a que esto os resulte más fácil de hacer".
- Si un niño mira a su alrededor, comente: "Veo que estás mirando alrededor de la sala; quizá te sientas un poco raro estando aquí".
- Explique que los verá cada semana durante seis semanas y, si usted tiene que faltar alguna de ellas debido a una excursión escolar o a que esté ausente, tendrá la sesión la siguiente semana, de manera que no la pierdan.
- Dígales que los verá a la misma hora, el mismo día de cada semana y muéstreles en el reloj la hora de comienzo y la de conclusión.
- Entregue a cada niño una carpeta y un gráfico de sesión.
- Dígales que coloreen la primera semana en su gráfico y señale que pueden escoger el color que vayan a utilizar.
- Pídales que guarden el gráfico en su carpeta cuando hayan terminado.
- Si un niño necesita ayuda en esto, dígale: "Puede ser difícil de hacer; ¿quieres que te ayude?"
- Explique que pueden escribir su nombre como quieran en su carpeta, porque es suya y: "Podéis hacerlo con letra grande o pequeña, como queráis, pues es vuestra carpeta".
- Si un niño parece inseguro, diga: "Parece que no estás seguro de dónde o

cómo escribirlo, pero recuerda que puedes escoger y no hay una forma que esté bien y otra que esté mal".

- Recoja las carpetas y explique que usted las guardará hasta la semana siguiente y diga: "Cuando vengáis la semana que viene, yo dejaré vuestras carpetas y gráficos esperándoos, igual que esta semana".

- Preséntales la idea de unas reglas básicas para el grupo y anime a cada niño a que contribuya si lo desea; permita a los niños que se limiten a observar sin aportar nada, si quieren, y diga: "Puede ser difícil pensar en cosas que decir, de manera que no os preocupéis si no podéis pensar hoy una regla; miraremos esto de nuevo la próxima semana".

- Escriba las reglas básicas del grupo en cartulina y muéstrelas para que todos los niños puedan verlas con facilidad.

- Explique que las reglas se expondrán cada semana para ayudar a que todo el mundo las cumpla.

Actividad central (20 minutos)

- Explique que harán un póster individual "todo sobre mí", pues van a pasar un tiempo juntos durante las seis semanas siguientes y esta puede ser una forma de conocerse más unos a otros.

- Comente: "A veces, puede resultar difícil hablar sobre nosotros mismos y hacer un póster en el que podamos escribir o dibujar cosas puede ser una forma más fácil de compartir vivencias sobre nosotros mismos con los demás".

- Explique que no hay formas correctas ni erróneas de hacer su póster y pueden hacer todo de forma diferente porque todos somos personas diferentes.

- Explique que pueden escribir y/o dibujar y pueden decidir qué les gustaría poner en su póster; por ejemplo, pueden poner cosas que les gusten y cosas que no.

- Explique que le gustaría que todos compartieran su póster con el grupo cuando hayan terminado y comente: "Esto puede ser un poco incómodo al principio porque estamos dándonos a conocer a los demás, pero me gustaría que todo el mundo lo hiciese".

- Mientras estén trabajando en sus pósteres, asegúrese de que dedica el mismo tiempo a reconocer el trabajo de cada niño.

- Avíselos cuando les queden cinco minutos para que acaben sus pósteres y diga: "puede ser difícil detenerse cuando se está trabajando en algo, pero tenéis que acabar ahora".

- Pida a cada niño que comparta su póster con el grupo y anímelos a mirar las cosas que son iguales y las que son diferentes.

- Puede ayudar a hacer lo anterior comentando: "A Paul y a Yusef les gusta el azul, y parece que a nadie le gustan las coles de Bruselas".

- Reconozca que el hecho de que las personas sean diferentes es algo positivo; por ejemplo: "Imaginaos que todo el mundo fuese igual, sería muy aburrido; es bueno que todo el mundo sea diferente y que a las personas les gusten cosas diferentes. Imaginaos que a todo el mundo de la escuela le gustase el fútbol; habría demasiados niños para jugar en el equipo".
- Resalte la importancia de la singularidad diciendo: "Todos somos individuos y eso nos hace únicos; ¿sabe alguien qué significa esto?
- Explique que eso significa que todos somos especiales a nuestro modo y reconozca: "No hay nadie en el mundo como nosotros y eso es lo que nos hace únicos".
- Pida a cada niño que comente qué se siente al compartir su póster con el grupo y diga: "A veces es difícil decir cómo nos sentimos por lo que vamos a practicarlo aquí".
- Si uno o varios niños no quieren compartir, comente a cada uno: "Parece que te resulta demasiado difícil hacer esto, así que está bien que no lo hagas; puedes escuchar a los otros niños decir cómo se sienten".
- Dígales que guarden su póster en su carpeta y recuérdeles que podrán llevársela la última semana.
- Comente: "Quizá os gustaría llevaros lo que habéis hecho hoy, pero yo me encargaré de guardaros todas las cosas en vuestras carpetas".

Conclusión (5 minutos)

- Explique que la sesión acabará del mismo modo cada semana, pidiéndoles que compartan algo sobre sí mismos.
- Esta semana usted les pedirá que compartan una cosa que les guste. Esto está relacionado con la tarea que acaban de hacer para facilitar que los niños se acostumbren a hacerlo.
- Reconózcales que usted les ha pedido hoy que compartan muchas cosas sobre sí mismos, comentando: "Os he pedido hoy que compartáis muchas cosas sobre vosotros mismos y esto puede haberos hecho sentir un poco incómodos al principio, pero, como lo haremos más veces cada semana, os acostumbraréis a ello y eso os hará sentiros más cómodos".
- Recuérdeles que pueden optar por no compartir ninguna cosa si ellos no quieren.
- Acabe la sesión diciendo: "Gracias por compartir algo de vosotros mismos hoy; lo he pasado muy bien conociéndoos un poco mejor".
- Elógielos por su trabajo en la sesión.
- Dígales que los verá a la misma hora y en la misma sala la semana siguiente.
- Acompáñelos a sus clases.

RESUMEN: SEGUNDA SEMANA

✓ **Inicio (10 minutos)**

- Invite a cada niño a colorear su gráfico.
- Compruebe si recuerdan las reglas básicas y pregúnteles si quieren añadir alguna.
- Pídales que recuerden la sesión de la semana anterior y lo que hicieron.

✓ **Actividad central (25 minutos)**

- Explique que la actividad de esta semana tiene que ver con felicitar o hacer cumplidos y pregunte si alguien sabe lo que eso significa y explíquelo o aclárelo si es preciso.
- Ponga las tarjetas de felicitación sobre la mesa y lea en voz alta cada una de ellas; compruebe que las han entendido.
- Dé a cada niño un juego de felicitaciones y pídales que escojan una para cada niño del grupo, la rellenen y se la den a esa persona.
- Dé a cada niño una cartulina y una barra de pegamento para hacer un póster utilizando las felicitaciones o cumplidos que hayan recibido.
- Anime a cada niño a compartir lo que se siente al dar y recibir felicitaciones o cumplidos.
- Pídales que piensen en alguien de fuera del grupo a quien puedan felicitar o hacer un cumplido hoy y anímelos a hacerlo.

✓ **Conclusión (5 minutos)**

- Explique que es la misma tarea que la semana anterior, pero en esta pida a cada niño que diga "yo siento".

GUÍA DEL FACILITADOR: SEGUNDA SEMANA

Inicio (10 minutos)

- Ponga la carpeta de cada niño sobre la mesa en el mismo sitio que la semana anterior y cuelgue en la pared las reglas básicas.
- Invítelos a buscar su carpeta y a colorear su gráfico de sesión.
- Coménteles que está encantado de verlos de nuevo.
- Dígales que guarden su gráfico de sesión en su carpeta.
- Muéstreles en el reloj la hora de inicio y de conclusión.
- Pregúnteles si recuerdan las reglas básicas y muéstreselas.
- Pregunte si alguien quiere añadir algo a las reglas básicas y recuérdeles que está bien si no quieren añadir nada.
- Pídales que recuerden la sesión de la semana anterior y lo que hicieron, deles una pista si es necesario y elógielos por recordar.

Actividad central (25 minutos)

- Explique que la actividad de esta semana consiste en felicitar o hacer cumplidos y pregunte si alguien sabe lo que significa la expresión; si parece que no están muy seguros, puede decirles: "Puede que sea una palabra que hayáis oído y no estéis muy seguros de lo que significa. Si yo digo: 'Me gusta tu pelo, Jessica', estaré haciéndole a Jessica un cumplido. Un cumplido es decir algo bueno o bonito a una persona".

- Examine con ellos el tipo de cosas por las que podría felicitar o hacer cumplidos a las personas, por ejemplo, el aspecto de la persona, la clase de persona que sea, las cosas en las que destaque, etc.

- Ponga las tarjetas de felicitación o tiras de cumplidos (véase, pág. 177) sobre la mesa y pase por el sitio de cada niño asegurándose de que lo entiende.

- Si un niño parece que no está muy seguro, puede decirle: "Parece que no estás muy seguro; voy a ponerte un ejemplo y eso te ayudará a entenderlo; por ejemplo, te agradezco que te hayas quedado en el recreo a ayudarme a ordenar el aula". Compruebe que lo ha entendido.

- Entregue a cada niño un juego de tarjetas de felicitación y explique que pueden escoger una para cada persona del grupo y que la rellenen; no necesitan usarlas todas.

- Anímelos a elaborar sus propias ideas y recuérdeles que usted está a su disposición para ayudarlos, diciéndoles: "Decidme si os gustaría que os ayudase con la ortografía, pues esto no es un examen de ortografía y está muy bien pedir ayuda si la necesitáis".

- Dígale a cada niño que entregue la tarjeta de felicitación a la persona a la que vaya dirigida.

- Dé a cada niño una cartulina y una barra de pegamento para pegar las felicitaciones que haya recibido en la cartulina.

- Anime a los niños a compartir lo que se siente al dar y recibir felicitaciones.

- Si un niño parece no estar muy seguro para hacer esto, dígale: "Quizá te hayas sentido incómodo cuando has mirado tus felicitaciones y puede ser difícil decir qué se siente, pero me pregunto si te sentiste bien, raro o cualquier otra palabra cuando viste las felicitaciones que te entregaron".

- Cuando todos hayan compartido cómo se sintieron, señale algunas de las palabras utilizadas diciendo: "Por tanto, felicitar o hacer cumplidos a las personas puede hacernos sentir bien, felices, especiales, etc. Me gustaría que pensaseis en alguien de fuera del grupo; puede ser alguien a quien escojáis y le hagáis hoy un cumplido o le deis una felicitación. Ahora todos sabemos lo bien que se siente uno al hacer cumplidos o dar felicitaciones y al recibirlos, sería bueno para nosotros hacerlo más".

- Dígales que guarden su hoja de felicitaciones en su carpeta y recuérdeles que podrán llevársela la última semana.

- Comente: "Quizá os gustaría llevaros lo que habéis hecho hoy, pero yo me encargaré de guardaros todas las cosas en vuestras carpetas".

Conclusión (5 minutos)

- Explique que la conclusión de esta semana implica que compartan algo sobre sí mismos y esta semana les pedirá que compartan cómo se sienten.
- Recuérdeles que pueden optar por no compartir si no quieren.
- Comience por un niño diferente del de la semana anterior y elogie a cada niño individualmente por compartir cómo se siente con el grupo.
- Elógielos por su trabajo en la sesión y dígales que los verá a la misma hora y en la misma sala la semana siguiente.
- Acompáñelos a sus clases.

RESUMEN: TERCERA SEMANA

✓ Inicio (10 minutos)
- Invite a cada niño a colorear su gráfico.
- Compruebe si recuerdan las reglas básicas y pregúnteles si quieren añadir alguna.
- Pídales que recuerden la sesión de la semana anterior y lo que hicieron.

✓ Actividad central (25 minutos)
- Explique que cada niño hará un poema utilizando las letras de su nombre.
- Dé a cada niño una cartulina y pídales que escriban su nombre en ella con espacio debajo para escribir una palabra en vertical.
- Invite a cada niño a pensar en una palabra para describirse a sí mismo con cada letra de su nombre, por ejemplo, "C" de cariñoso, y que escriba esta palabra bajo la letra correspondiente de su nombre.
- Anímelos a ayudarse unos a otros pensando palabras si necesitan ayuda.
- Dígales que las adornen si quieren.
- Pídales que levanten sus poemas y los compartan con el grupo.
- Anime a cada niño a que felicite a cada uno de los otros por su poema cuando lo levante.
- Invite a cada niño a decir cómo se siente al compartir su poema con el grupo.

✓ Conclusión (5 minutos)
- Explique que es la misma tarea de la semana pasada, pero esta semana es "yo disfruto".

GUÍA DEL FACILITADOR: TERCERA SEMANA

Inicio (10 minutos)

- Ponga la carpeta de cada niño sobre la mesa en el mismo sitio que la semana anterior y cuelgue en la pared las reglas básicas.
- Invítelos a buscar su carpeta y a colorear su gráfico de sesión.
- Dígales que está encantado de verlos de nuevo.
- Pídales que guarden su gráfico de sesión en su carpeta.
- Muéstreles en el reloj la hora de inicio y de conclusión.
- Pregúnteles si recuerdan las reglas básicas y muéstreselas.
- Comente si alguien quiere añadir algo a las reglas básicas y recuérdeles que está bien si no quieren añadir nada.
- Pídales que recuerden la sesión de la semana anterior y lo que hicieron, deles una pista si es necesario y elógielos por recordar.
- Pregúnteles si se acordaron de hacer un cumplido a alguien y si les gustaría compartir lo que hicieron.
- Si un niño no se acordó de hacerlo, diga: "Puede ser difícil acordarse de cosas fuera del grupo cuando la actividad de la escuela es tan grande, pero quizá puedas probar de nuevo esta semana, si quisieras".

Actividad central (25 minutos)

- Explique que cada niño redactará un poema utilizando las letras de su nombre. Es conveniente que dedique algún tiempo antes del grupo para asegurarse de que puede pensar en una palabra para cada letra del nombre del niño.
- Entregue a cada niño una cartulina y explíqueles que tienen que pensar en una palabra que los describa cuya inicial sea una letra de su nombre.
- Dígales: "No hay una forma correcta ni errónea de hacer esto; es vuestro poema y podéis hacerlo como queráis".
- Si un niño parece ansioso, dígale: "Da la sensación de que esto es difícil de hacer, pero todos podemos ayudarnos a pensar en palabras si nos quedamos atascados".
- Comente: "En esto, quizá necesitéis la ayuda de un adulto y yo puedo ayudaros, si os parece bien".
- Avíselos cuando les queden cinco minutos y, después cuando les quede un minuto.
- Si un niño acaba antes que los demás, puede adornar su poema si quiere.
- Diga a los niños que levanten su poema para que el resto del grupo lo vea y pida a cada niño que piense en un cumplido que pueda hacer a los demás al hacer esto. Comente: "Sé que, a veces, es difícil pensar en un cumplido que hacer, pero recordad lo que hablamos sobre esto la semana pasada y veamos si somos capaces de hacerlo".

- Si un niño no quiere levantar su poema, puede comentar: "Quizá resulte demasiado difícil hacer eso. ¿Qué tal si yo lo levanto por ti?"
- Si parece que el niño sigue estando incómodo, diga: "Quizá te siga pareciendo demasiado difícil y, bueno, puedes dejarlo si quieres".
- Anime a cada niño a decir cómo se siente al compartir su poema con el grupo.
- Dígales que guarden su poema en su carpeta y recuérdeles que podrán llevársela la última semana.
- Comente: "Quizá os gustaría llevaros lo que habéis hecho hoy, pero yo me encargaré de guardaros todas las cosas en vuestras carpetas".

Conclusión (5 minutos)

- Explique que esta semana finalizará la sesión compartiendo algo con lo que haya disfrutado. Recuérdeles que pueden no compartir si no quieren.
- Comience con un niño diferente del de la semana anterior de manera que sigan un turno para empezar en primer lugar.
- Elógielos por su trabajo en la sesión y dígales que los verá a la misma hora y en la misma sala la semana siguiente.
- Acompáñelos a sus clases.

RESUMEN: CUARTA SEMANA

✓ Inicio (10 minutos)
- Invite a cada niño a colorear su gráfico.
- Compruebe si recuerdan las reglas básicas y pregúnteles si quieren añadir alguna.
- Pídales que recuerden la sesión de la semana anterior y lo que hicieron.

✓ Actividad central (25 minutos)
- Presente el concepto de "elogio", preguntando al grupo lo que significa, y ponga ejemplos para clarificar, si es necesario.
- Anímelos a que compartan ejemplos de cuando los hayan elogiado y dialoguen acerca de cómo se sienten.
- Explíqueles que van a hacer su propio cuaderno de elogios y repártalos.
- Dígales que los rellenen y compartan un ejemplo de su cuaderno con el grupo.
- Anime a cada niño a decir cómo se siente haciendo esto.

✓ Conclusión (5 minutos)
- Explique que es la misma tarea de la semana pasada, pero esta semana con "yo soy".

GUÍA DEL FACILITADOR: CUARTA SEMANA

Inicio (10 minutos)

- Ponga la carpeta de cada niño sobre la mesa en el mismo sitio que la semana anterior y cuelgue en la pared las reglas básicas.
- Invítelos a buscar su carpeta y a colorear su gráfico de sesión.
- Dígales que está encantado de verlos de nuevo.
- Pídales que guarden su gráfico de sesión en su carpeta.
- Muéstreles en el reloj, la hora de inicio y de conclusión.
- Pregúnteles si recuerdan las reglas básicas y muéstreselas.
- Pregunte si alguien quiere añadir algo a las reglas básicas y recuérdeles que está bien si no quieren añadir nada.
- Pídales que recuerden la sesión de la semana anterior y lo que hicieron; deles una pista si lo necesitan y elógielos por recordar.

Actividad central (25 minutos)

- Presente el concepto de elogio preguntando al grupo lo que significa.
- Si no están muy seguros, puede poner ejemplos como: "¿Sería un elogio decirte 'bien hecho' por trabajar mucho en tu dibujo?"
- Anímelos a compartir ejemplos de cuando los hayan elogiado diciendo: "¿Podemos pensar en cosas por las que nos hayan elogiado?"
- Invite a cada niño a que comparta un ejemplo con el grupo, si se encuentra cómodo haciéndolo.
- Anímelos a compartir cómo se sienten al ser elogiados preguntando: "¿Qué se siente cuando las personas nos dicen cosas buenas?"
- Explique que ellos harán su propio cuaderno de elogios (véase Anexo, pág. 178) y reparta uno a cada niño.
- Recuérdeles que usted está allí para ayudarlos si lo necesitan, diciendo: "Recordad que estoy aquí para ayudaros y que esto no es un examen de ortografía, por lo que puedo ayudaros a escribir bien cualquier palabra para la que necesitéis ayuda".
- Pídales que escriban su nombre en la portada y rellenen la primera página, "Elogiar a alguien significa", con sus propias palabras.
- Si parece que a un niño esto le resulta difícil, anímelo diciendo: "¿Recuerdas lo que dijimos que significa elogiar a alguien?"
- Si todavía le resulta difícil, dígaselo.
- Pídales que pasen a la página siguiente, "Me han elogiado por" y pídales que rellenen esto; explique que pueden usar el ejemplo que compartieron con el grupo o pensar en otro.
- Los niños pueden trabajar a velocidades diferentes, así que dé permiso a los que trabajen más rápido para que continúen haciéndolo en el cuadernillo a su propio ritmo, si quieren.

© narcea, s. a. de ediciones

- Recuérdeles que usted está allí para ayudarlos y que estaría bien que se ayudasen unos a otros si pueden hacerlo.
- Supervise a cada niño del grupo, pues puede necesitar ayuda en algunas páginas.
- Comente: "Puede resultar incómodo pensar en algo por lo que te gustaría que te elogiasen, pero puede ser cualquier cosa; es tu cuadernillo de elogios y puedes escoger lo que te guste poner en él".
- Cuando lleguen a la última página, "He elogiado a alguien por", explique que pueden utilizar un ejemplo de cuando lo han hecho o pensar en algo por lo que les gustaría elogiar a alguien.
- Si parece que un niño necesita ayuda en esto, puede decirle: "Puede ser difícil pensar un ejemplo; ¿cómo podrías elogiar a alguien de este grupo?"
- Si unos niños acaban el cuadernillo antes que los demás, pueden adornar la portada, si quieren.
- Cuando todos hayan acabado el cuadernillo, dígale a cada niño que escoja una página que le gustaría compartir con el resto del grupo y la lea en voz alta.
- Si algún niño parece reacio a hacerlo, dígale: "Quizá te sientas incómodo compartiendo tus ejemplos; ¿puedo ayudarte? ¿Cómo te sentirías si lo leyera yo en voz alta al grupo?
- Si el niño sigue sin estar muy seguro, dele permiso para pasar, diciendo: "A veces, puede resultarnos demasiado difícil compartir cosas sobre nosotros mismos, y eso está bien; aquí no tenemos que leer en voz alta cosas ni compartir nuestros pensamientos si no queremos".
- Pregunte al grupo cómo se sienten al compartir sus ideas con el grupo y elógielos por hacerlo.
- Anímelos a elogiar a otras personas durante la semana y ver cómo se sienten haciéndolo.
- Dígales que guarden su cuadernillo de elogios en su carpeta y recuérdeles que podrán llevársela la última semana.
- Comente: "Quizá os gustaría llevaros lo que habéis hecho hoy, pero yo me encargaré de guardaros todas las cosas en vuestras carpetas".

Conclusión (5 minutos)

- Explique que la conclusión para esta semana implicará que compartan algo sobre sí mismos y esta semana les pedirá que digan una frase que comience por "yo soy".
- Recuérdeles que pueden optar por no compartir si no quieren.
- Anímelos a ayudar a los demás a que recuerden elogiar a alguien y dígales que se lo recordará si los ve.
- Elógielos por su trabajo en la sesión y dígales que los verá a la misma hora y en la misma sala la semana siguiente.
- Acompáñelos a sus clases.

RESUMEN: QUINTA SEMANA

✓ Inicio (10 minutos)

- Invite a cada niño a colorear su gráfico.
- Compruebe si recuerdan las reglas básicas y pregúnteles si quieren añadir alguna.
- Pídales que recuerden la sesión de la semana anterior y lo que hicieron.

✓ Actividad central (25 minutos)

- Explique que esta semana prestarán atención a diferentes situaciones que pueden suceder y trabajarán por parejas para decidir lo que harían en cada situación.
- Dé a cada pareja dos escenarios diferentes y anímelos a trabajar juntos acerca de cómo se sentirían y cómo responderían.
- Anime a todo el grupo a que comenten todos los escenarios y qué sienten acerca de cada situación.

✓ Conclusión (5 minutos)

- Explique que es la misma tarea de la semana anterior, pero esta semana es "yo creo".

GUÍA DEL FACILITADOR: QUINTA SEMANA

Inicio (10 minutos)

- Ponga la carpeta de cada niño sobre la mesa en el mismo sitio que la semana anterior y cuelgue en la pared las reglas básicas.
- Invítelos a buscar su carpeta y a colorear su gráfico de sesión.
- Dígales que está encantado de verlos de nuevo.
- Coménteles que guarden su gráfico de sesión en su carpeta.
- Muéstreles en el reloj la hora de inicio y de conclusión.
- Pregúnteles si recuerdan las reglas básicas y muéstreselas.
- Pregunte si alguien quiere añadir algo a las reglas básicas y recuérdeles que está bien si no quieren añadir nada.
- Pídales que recuerden la sesión de la semana anterior y lo que hicieron; deles una pista si lo necesitan y elógielos por recordar; pregúnteles si se acordaron de elogiar a otras personas y qué sintieron al hacerlo.
- A los niños que lo hayan hecho, agradézcaselo y a los que no, dígales a modo de reflexión: "Puede resultar difícil acordarse de hacer cosas fuera del grupo y no pasa nada si no os acordasteis de hacerlo, pero quizá podríais tratar de hacerlo esta semana, si os parece".

Actividad central (25 minutos)

- Explique que esta semana prestarán atención a diferentes situaciones que pueden darse y trabajarán por parejas para decidir cómo se sentirían y qué pueden hacer en cada situación, y después usted discutirá cada una con todo el grupo.

- Dispóngalos por parejas, cada uno con un niño con el que no haya trabajado antes, asegurándose de que estén equilibradas, con un niño seguro de sí mismo y con otro menos seguro de sí mismo.

- Explíqueles que tienen cinco minutos para discutir cada escenario y que los avisará de cuándo pasar al segundo.

- Indique que esta tarea es diferente de las otras que han hecho hasta ahora en el grupo y comente: "Es posible que necesitéis cierta ayuda de un adulto en esta tarea y yo puedo ayudaros si lo necesitáis. Recordad que no hay respuestas correctas ni equivocadas en esta tarea".

- Dé a cada pareja dos escenarios diferentes (véase Anexo, pág. 179) y léalos con cada pareja, alejados de la otra si es posible para no molestarla.

- Dedique el mismo tiempo a cada pareja y anímelos a discutir cada una y pensar cómo se sentirían, diciendo: "¿Qué sentiría esa persona?; ¿cómo se sentiría al ver que eso le ocurre a alguien?"

- Reconozca que cada persona de la pareja puede sentir de forma diferente y querer responder de diferente manera y que eso está muy bien; pueden compartir lo que piensan ambos. Comente: "Podéis no pensar o sentir lo mismo y eso está muy bien porque sois personas diferentes; podéis compartir lo que pensáis los dos con el grupo".

- Controle el tiempo por ellos, invitándolos al segundo escenario una vez transcurrido la mitad del tiempo; por ejemplo: "Tenéis un par de minutos más para ocuparos de este escenario; después tendréis que pasar al segundo".

- Invite a cada pareja a seguir turnos para compartir un escenario con usted leyéndolo al grupo y cada pareja compartiendo qué sienten, qué harían y por qué.

- Invite a la pareja que no trabajó sobre el escenario a que comente si lo desea.

- Valide sus respuestas a cada situación teniendo en cuenta sus sentimientos; por ejemplo: "Veo que te enfadarías si se rieran de alguien (escenario 1). Veo que sentirías celos si alguien tomara algo que quisieras (escenario 4)".

Conclusión (5 minutos)

- Dígales que la próxima semana será la última y comente: "Puede resultar un poco triste terminar cuando hemos trabajado juntos durante un tiempo y yo he disfrutado conociéndoos un poco más que antes de que tuviéramos el grupo".

- Explique que les dará una hojita de papel con el nombre de otro niño, una hoja y un sobre.
- Explique que al final de esta semana tendrán que compartir algo sobre sí mismos y que esta semana les pedirá que digan una frase que comience por "yo creo". Recuérdeles que pueden no compartir si no quieren.
- Comience por un niño diferente, de manera que todos tengan la oportunidad de un primer turno.
- Elógielos por su trabajo en la sesión y dígales que los verá a la misma hora y en la misma sala la semana siguiente.
- Acompáñelos de vuelta a sus clases.

RESUMEN: SEXTA SEMANA

✓ **Inicio (10 minutos)**
- Anime a cada niño a que coloree su gráfico.
- Compruebe si recuerdan las reglas básicas y pregúnteles si quieren añadir alguna.
- Recapitule cada semana y anímelos a que recuerden las actividades y tareas que han llevado a cabo.

✓ **Actividad central (25 minutos)**
- Explique que cada uno ha ganado un premio e invítelos a descubrir por qué lo han ganado.
- Pida a cada niño que rellene su propio certificado de premio y lo pase a la persona siguiente para que rellene la segunda sección de un premio por su contribución al grupo; por ejemplo, compartir, ser amable, etc.
- Pida a cada niño que comparta su certificado de premio con el grupo e invítelos a escuchar, aplaudir y vitorear cuando hayan acabado.

✓ **Conclusión (5 minutos)**
- Explique que esta semana acabará la sesión compartiendo algo que le haya gustado de estar en el grupo.
- Entregue a cada niño su carpeta y explique que pueden llevársela si les gusta.
- Reconózcales lo bien que han trabajado y cuánto ha disfrutado pasando el tiempo con ellos.

GUÍA DEL FACILITADOR: SEXTA SEMANA

Inicio (10 minutos)

- Ponga la carpeta de cada niño sobre la mesa en el mismo sitio que la semana anterior y cuelgue en la pared las reglas básicas.

- Invítelos a buscar su carpeta y a colorear su gráfico de sesión.
- Dígales que está encantado de verlos de nuevo.
- Coménteles que guarden su gráfico de sesión en su carpeta.
- Muéstreles en el reloj la hora de inicio y de conclusión.
- Pregúnteles si recuerdan las reglas básicas y muéstreselas.
- Pregunte si alguien quiere añadir algo a las reglas básicas y recuérdeles que está bien si no quieren añadir nada.
- Recuérdeles que esta es su última semana y responda adecuadamente a los comentarios que puedan hacer, por ejemplo: "Sé que puede resultar triste porque hemos trabajado juntos durante seis semanas".
- Recapitule cada semana y anímelos a recordar las actividades. Puede llevar una lista para ayudarles a recordar.
- Mientras están haciendo esto, puede mencionar los momentos memorables para usted; por ejemplo: "Recuerdo cuando hicisteis la actividad de los cumplidos; estuvisteis muy bien pensando en cosas amables que decir a los demás".
- Responda adecuadamente a los comentarios que hagan los niños acerca de los recuerdos que tengan diciendo: "Veo que tenéis también buenos recuerdos de nuestro tiempo juntos en el grupo".

Actividad central (25 minutos)

- Explique que cada uno ha ganado un premio y anímelos a pensar en por qué lo han ganado. Indique: "Puede ser algo que escogisteis, puede ser algo que hicierais en este grupo o por la escuela o para otra persona, puede ser cualquier cosa".
- Entregue a cada niño un certificado de premio y anímelos a pensar en lo que quieran poner y explique que la segunda sección la rellenará la persona que se sienta a su lado.
- Si parece que un niño está inseguro o ansioso, comente: "Puede ser difícil pensar en algo que hayamos hecho bien, pero recordad que puede ser cualquier cosa".
- Explique que la segunda sección es para que piensen en lo que la persona haya hecho en el grupo que fuese útil, amable, considerado, etc.
- Pídales que se lo pasen a la persona que se sienta a su lado para que rellene la segunda sección del certificado de premio por su contribución al grupo.
- Si parece que un niño no está muy seguro de esto, puede animarlo diciéndole: "Veo que no estás muy seguro acerca de qué poner; quizá te ayude pensar de nuevo en todas las actividades que hemos hecho porque puede ayudarte a pensar en algo".
- Pida a cada niño que comparta su certificado de premio con el grupo y anime a los otros niños para que aplaudan y lo aclamen cuando haya acabado.

Conclusión (5 minutos)

- Explique que esta semana acabará la sesión compartiendo algo que les haya gustado de estar en el grupo.

- Recuérdeles que pueden optar por no compartir nada si no quieren hacerlo.

- Entregue a cada niño su carpeta y explíqueles que pueden llevársela si les apetece.

- Si un niño no quiere llevarse la carpeta o la caja, comente: "Quizá no estés muy seguro de llevarlas al aula; puedes recogerla en la entrada a la escuela a la hora de ir a casa, si lo prefieres".

- Comente: "a veces, las despedidas resultan tristes y yo lo he pasado muy bien con vosotros, y habéis trabajado mucho y bien aquí. Aunque ya no tengamos nuestro grupo, nos seguiremos viendo por la escuela; sé que no será lo mismo, pero siempre podéis venir y hablar conmigo, si queréis".

Conclusión

El impacto que las *buenas prácticas educativas* pueden tener sobre los niños y las familias es inestimable. Espero haber demostrado a lo largo del libro que las escuelas tienen un papel crucial que desempeñar para desarrollar la salud emocional y el bienestar mental positivo en los niños; tratando a la vez de prevenir dificultades posteriores en la vida adulta y problemas para la sociedad en su conjunto. Nuestras cárceles y nuestros sistemas de salud mental tienen un considerable porcentaje de adultos que tuvieron experiencias tempranas difíciles cuando eran niños, y que las han arrastrado hasta la vida adulta. Tenemos la responsabilidad como sociedad de interrumpir la perpetuación de ese círculo dando oportunidades a la siguiente generación de jóvenes para que tengan experiencias que promuevan una salud y un bienestar mental positivos.

Durante la jornada escolar hay incontables posibilidades de presentar un vocabulario emocional, facilitar a los niños destrezas y oportunidades de expresar sus sentimientos y producir experiencias que les permitan aprender acerca de su salud emocional. Cuando satisfacemos las necesidades emocionales y sociales de los niños, eliminamos los obstáculos que crean bloqueos, y les facilitamos el aprendizaje.

El Trabajo en Grupo es una oportunidad ideal de hacer esto de un modo que pueda integrarse con facilidad en la jornada escolar, con un trastorno mínimo y un éxito máximo. Permite a las escuelas hacer las cosas de un modo diferente y da a los niños oportunidades para experimentar nuevas formas de entender y controlar sus sentimientos.

Como adultos, podemos tratar de proteger a los niños de las experiencias de tristeza, daño y malestar, aunque estas forman parte de la vida, junto con la felicidad, la alegría y el entusiasmo. Nuestra tarea, como profesionales, consiste en apoyar a los niños para que experimenten todos los sentimientos, no solo algunos.

Todos los niños merecen ser felices, estar a salvo y cómodos en la escuela y contar con las destrezas necesarias para establar amistades, tener seguridad en sí mismos, saber desenvolverse bien y tener la oportunidad de desarrollar todo su potencial.

Tenemos que hacer las cosas bien en favor de los niños. Desde ahora.

Los niños necesitan la oportunidad de sentir que pertenecen al grupo, que son valiosos, que tienen algo que ofrecer y que pueden hacer una contribución al mundo.

Tenemos que tomar muy en serio la salud emocional de los niños. Si invertimos en ello, les facilitaremos destrezas básicas para vivir mejor; si no, les estaremos provocando problemas potenciales para toda su vida.

Anexo

Este anexo contiene todos los materiales necesarios para preparar, planear y evaluar los Programas de Trabajo en Grupo: "Grupo de Amistad" y "Grupo de Autoestima", que describimos en el libro. Conviene tener preparados estos materiales antes de iniciar el Trabajo en Grupo. Los materiales que recomendamos son estos:

I. MATERIALES GENERALES:

1. Cuestionarios para el Trabajo en Grupo. Instrucciones para los Facilitadores.
2. Cuestionario *Inicial* y Cuestionario *Final de intervención*.
3. Informe del Trabajo de Grupo. Ejemplo.
4. Registro del Trabajo de Grupo.
5. Notas de cada sesión de Trabajo de Grupo para comprobar al final de cada sesión.

II. MATERIALES PARA EL "GRUPO DE AMISTAD"

1. Lista general de materiales.
2. Gráfico de la sesión para que el niño lo rellene cada semana.
3. Cuestionario para comprender las diferencias.
4. Una historia para analizar: *Emily siente celos*. Preguntas para el debate.
5. Tiras de: "Lo he pasado bien trabajando contigo".

III. MATERIALES PARA EL "GRUPO DE AUTOESTIMA"

1. Lista general de materiales.
2. Gráfico de la sesión para que el niño lo rellene cada semana.
3. Tarjetas de: "Cumplidos" o felicitación.
4. Cuaderno de elogios.
5. Escenarios.

I. MATERIALES GENERALES

1. CUESTIONARIOS PARA EL TRABAJO EN GRUPO. INSTRUCCIONES PARA LOS FACILITADORES

⇒ Pida al maestro o al tutor del niño que responda al Cuestionario Inicial correspondiente a cada niño de los que vayan a estar en el grupo con usted.

⇒ Asegúrese de que responda a cada pregunta y de que incluya comentarios adicionales sobre el niño y cómo suele estar en clase, en las horas de recreo y en las horas de clase. Por ejemplo, "Mario suele estar callado y ausente a veces" o "A Luisa le resulta difícil esperar que le toque el turno y con frecuencia se pelea con otros niños a la hora de comer".

⇒ Pida a la misma persona que responda al Cuestionario Final correspondiente a cada niño, asegurándose de que responda a la pregunta sobre cualquier otro cambio que se haya producido. Por ejemplo, "Ahora Mario está más seguro de sí y comparte más sus ideas en clase" o "Luisa es ahora más paciente y, poco a poco, va haciendo más amistades con sus compañeros de la clase".

⇒ Compare cada pregunta utilizando el Cuestionario Inicial y el Cuestionario Final de cada niño.

⇒ Señale cualquier cambio positivo que se haya producido en la puntuación. Por ejemplo, un niño que solo respetaba los turnos a veces, ahora es capaz de hacerlo con frecuencia, y también, cualquier otro comentario de la persona que ha respondido al Cuestionario Final.

⇒ Haga una lista con los cambios positivos y escriba un párrafo describiendo cómo ha sido su experiencia en relación al niño en las sesiones de grupo. Por ejemplo: "Al principio, a Jaime le resultaba difícil seguir las reglas del grupo e interrumpía mientras hablaban los otros niños. Sin embargo, después de varias advertencias amables y del apoyo del grupo, ha sido capaz de hacerlo con más facilidad. Ha adquirido más seguridad en sí mismo para compartir sus sentimientos y reconoció que le apenaba que el grupo se acabase".

2. CUESTIONARIO *INICIAL* DE INTERVENCIÓN

Nombre del niño: ....

Fecha de nacimiento: ....

Responda, por favor, a las preguntas siguientes basándose en su conocimiento del niño durante el último mes:

	Sí	No	A veces
¿Es capaz de compartir?			
¿Es capaz de hacer amigos con facilidad?			
¿Es amable con otros niños?			
¿Es capaz de respetar turnos?			
¿Tiene amigos?			
¿Es popular?			
¿Tiene conflictos con otros niños?			
¿Acosa a otros niños?			
¿Hace lo que le piden los adultos?			
¿Se ofrece para ayudar?			
¿Dice mentiras?			
¿Le resulta difícil concentrarse?			
¿Se centra en el aprendizaje y se dedica a ello?			
¿Es inquieto y no para?			
¿Parece ansioso, preocupado o asustado?			
¿Tiene rabietas o berrinches?			
¿Es capaz de expresar sus sentimientos con facilidad?			
¿Parece seguro de sí mismo?			
¿Dice que se siente mal?			
¿Parece feliz?			

Otros comentarios:

Firmado:

Fecha:

2. Cuestionario *FINAL* DE INTERVENCIÓN

Nombre del niño: _____

Fecha de nacimiento: _____

Responda, por favor, a las preguntas siguientes basándose en su conocimiento del niño durante las dos últimas semanas:

	Sí	No	A veces
¿Es capaz de compartir?			
¿Es capaz de hacer amigos con facilidad?			
¿Es amable con otros niños?			
¿Es capaz de respetar turnos?			
¿Tiene amigos?			
¿Es popular?			
¿Tiene conflictos con otros niños?			
¿Acosa a otros niños?			
¿Hace lo que le piden los adultos?			
¿Se ofrece para ayudar?			
¿Dice mentiras?			
¿Le resulta difícil concentrarse?			
¿Se centra en el aprendizaje y se dedica a ello?			
¿Es inquieto y no para?			
¿Parece ansioso, preocupado o asustado?			
¿Tiene rabietas o berrinches?			
¿Es capaz de expresar sus sentimientos con facilidad?			
¿Parece seguro de sí mismo?			
¿Dice que se siente mal?			
¿Parece feliz?			

Otros comentarios:

Firmado:

Fecha:

3. Informe del Trabajo de Grupo. Ejemplo

Nombre del niño: Juana Montoro
Fecha de nacimiento: 25/6/03
Tipo de grupo: Amistad
Facilitador de grupo: Antonio López
Fechas del grupo: Enero-febrero 2012

Evaluación del cuestionario:

Los cuestionarios muestran que Juana ha hecho varios cambios positivos desde que está en el grupo.

Es capaz de compartir con más facilidad y está siendo más amable con los otros niños. Sus amistades han mejorado y ahora ella es más popular.

Ya no dice mentiras como a veces hacía antes de las sesiones de grupo.

Su concentración ha mejorado y está menos inquieta.

Comentarios del personal de la escuela:

Su maestra está muy contenta con los progresos que ha hecho Juana y se ha dado cuenta de que sus amistades han mejorado. Tiene la sensación de que ahora está más segura de sí misma y parece ser más feliz.

Comentarios del facilitador:

Juana estaba un tanto callada y ansiosa al principio de las sesiones del trabajo en grupo. Parecía estar preocupada por cometer errores y esperaba que empezaran los otros niños antes de comenzar la actividad. Sin embargo, tranquilizándola mucho, poco a poco fue adquiriendo más seguridad en sí misma y comenzó a compartir sus pensamientos e ideas. Sus amistades con los otros niños del grupo fueron desarrollándose a medida que progresaban las sesiones.

Recomendaciones:

La niña necesita todavía apoyo de su maestra y de otros adultos de la escuela para ayudarle a controlar su ansiedad ante la posibilidad de cometer errores.

Firma:	**Fecha:**
Firmado: Antonio López	Marzo 2012

4. REGISTRO DEL TRABAJO DE GRUPO

Por favor, anote la fecha de cada Sesión del Trabajo en Grupo y marque si el niño ha asistido.

Nombre del niño	Fecha	Fecha	Fecha	Fecha	Fecha	Fecha

Firma: ....

Nombre (en letra de imprenta): ....

Fecha: ....

5. NOTAS DE CADA SESIÓN, DE TRABAJO DE GRUPO PARA COMPROBAR AL FINAL DE LA SESIÓN

Facilitador del trabajo en grupo: _____

Tipo de grupo: _____

Es conveniente tomar notas sobre todos y cada uno de los niños y de la dinámica de grupo.

Fecha	N.º de sesión	Detalles y comentarios de la sesión

Firma:

Fecha:

II. MATERIALES PARA EL GRUPO DE AMISTAD

1. LISTA GENERAL DE MATERIALES

- Reloj.
- Registro y registro de sesión (para rellenar cada semana).
- Pegatinas con los nombres de los niños, si es necesario (primera semana).
- Una carpeta para cada niño (todas del mismo color).
- Gráfico semanal para cada niño.
- Rotuladores.
- Lápices de grafito y de colores.
- Una tijera para cada niño (cuarta semana).
- Una barra de pegamento para cada niño (cuarta semana).
- Cartulina grande para las reglas básicas.
- Cartulina blanca A4 (tercera semana).
- Masilla adhesiva para las reglas básicas.
- Papel blanco A3 (primera semana).
- Cartulina A3 (cuarta semana).
- Materiales para *collage* (cuarta semana).
- Cuatro sobres y papel (quinta semana).
- Cajas (sexta semana).
- Papel blanco A4 (sexta semana).
- Cuestionario de comprensión de las diferencias (segunda semana).
- Historia de celos y preguntas (quinta semana).
- Hoja de trabajo: "Lo he pasado muy bien trabajando contigo" (sexta semana).

2. Gráfico de la Sesión para que el niño lo rellene cada semana

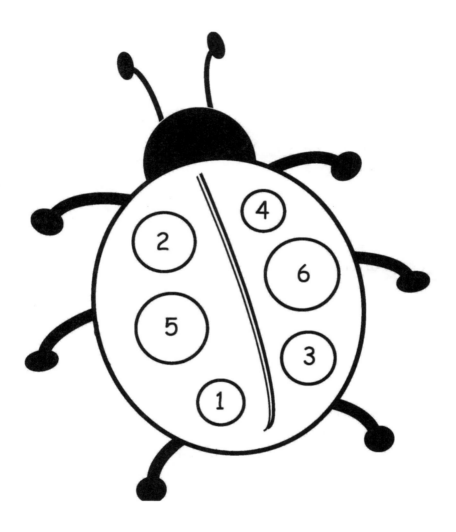

3. Cuestionario para comprender las Diferencias

Haz a tu amigo o amiga las preguntas siguientes:

• ¿Cómo te llamas?

....

....

• ¿Cuántos años tienes?

....

....

• ¿Cuál es tu color favorito?

....

....

• ¿Qué es lo que más te gusta hacer?

....

....

• ¿Cuál es tu comida favorita?

....

....

• ¿Qué te hace feliz?

....

....

• ¿Qué te pone triste?

....

....

• Una cosa que nos gusta hacer a ambos es...

....

....

• Una cosa que mi nuevo amigo podría enseñarme es...

....

....

4. "Emily siente celos". Una historia para analizar

Era el día de la asamblea de la clase y Emily estaba nerviosa esperando a ver a quién habían escogido para leer su poema al resto de la escuela. Estaba segura de que sería ella y se imaginaba frente al público que la aplaudía y la aclamaba. La sacó de repente de su ensoñación su hermanita que lloraba en su cuna. Emily quería a Sophie, pero deseaba que no llorase tanto ni que requiriera tanta atención. Desde que había nacido Sophie daba la sensación de que todo el mundo se había olvidado de Emily, aparte de cuando le decían que fuese "una niña buena y trajera un pañal" o "no protestara". A veces, Emily deseaba que Sophie pudiese irse y vivir en alguna otra parte, de manera que pudiesen quedarse ella, mamá y papá, como antes.

Emily se vistió y trató de ignorar el llanto de Sophie hasta que la llamó su mamá: "Salgo un momento, solo háblale hasta que vuelva". Emily no quería hablarle, ella no podía contestar, solo hacía gorjeos. Su mamá y su papá creían que eran encantadores, pero Emily pensaba que eran aburridos y estúpidos. Si pudiera tener una hermana mayor como su amiga Marie. La hermana mayor de Marie, Claire, era muy divertida y llevaba de compras y al cine a Marie. "No es justo —pensaba Emily—. Yo querría tener una hermana mayor en vez de un aburrido bebé".

Justo entonces entró mamá en la habitación; parecía realmente cansada, como siempre desde que nació Sophie. Sophie ya estaba de pie en su cuna y gritando; su cara parecía una frambuesa que fuese a explotar, pensó Emily y comenzó a sonreír. "No sé de qué te ríes —dijo mamá—. No es divertido; ahora vete y tráeme su biberón mientras la cambio".

Cuando Emily atravesó las puertas de la escuela, le encantó ver a Marie esperándola. "No puedo esperar hasta la asamblea —dijo—. Creo que la Sra. O'Neill escogerá mi poema para que lo lea", mientras ella agarraba a Marie por el brazo y se encaminaba al aula con ella. El poema había sido la tarea para casa mandada la semana anterior y Emily estaba verdaderamente encantada con ella. Mientras la Sra. O'Neill miraba el registro, Emily a duras penas podía permanecer sentada; sentía mariposas en el estómago y no podía dejar de sonreír. Jonathan, que siempre estaba metiéndose los dedos en la nariz, se dio cuenta y le devolvió la sonrisa y ni siquiera esto detuvo su sonrisa.

"La ganadora de la competición del poema es... —anunció la Sra. O'Neill— ... Marie James". Toda la clase comenzó a aplaudir y Emily pudo sentir el temblor de su labio inferior. ¡Cómo podía no ser la suya! Había trabajado mucho en ella y Marie había hecho la suya a toda velocidad, mientras salía a tomar una pizza con su hermana Claire esa noche. A Emily le resultaba difícil aplaudir e hizo un esfuerzo por sonreír a Marie, que estaba radiante. "Marie leerá su poema a toda la clase en la asamblea, esta tarde", dijo la Sra. O'Neill.

A la hora de la comida, Emily se sentía enfadada, muy enfadada; ¿por qué gana la competición el poema de Marie? Marie lo tenía todo. Cuando volvían a clase, todos los demás niños charlaban entusiasmados con Marie. "Ella ni siquiera me necesita como amiga", pensó Emily. Entró en clase y se dio cuenta de que era la primera en llegar; se acercó a la taquilla de Marie, metió su poema bajo un montón de papeles en la taquilla de Jonathan. Eso le enseñará, pensó. Tuvo el tiempo justo de cerrar la taquilla cuando llegaron los demás niños.

Era el momento de la asamblea y Marie empezó a rebuscar en su taquilla. "¿Dónde está mi poema? No lo encuentro, no está aquí", gritó Marie, a punto de echarse a llorar.

PREGUNTAS PARA EL DEBATE

1. ¿Por qué quería Emily tener una hermana mayor?

. . . .

. . . .

2. ¿De quién estaba celosa Emily?

. . . .

. . . .

3. ¿Por qué estaba celosa Emily?

. . . .

. . . .

4. ¿Qué crees que pasará después?

. . . .

. . . .

5. ¿Qué podría haber hecho Emily para dejar de sentirse así?

. . . .

. . . .

6. ¿Te has sentido celoso o excluido?

. . . .

. . . .

7. ¿Qué podrías hacer la próxima vez que sientas esto?

. . . .

. . . .

5. TIRAS "LO HE PASADO BIEN TRABAJANDO CONTIGO"

Lo he pasado bien trabajando contigo en este grupo porque:

. . . .

. . . .

Lo he pasado bien trabajando contigo en este grupo porque:

. . . .

. . . .

Lo he pasado bien trabajando contigo en este grupo porque:

. . . .

. . . .

Lo he pasado bien trabajando contigo en este grupo porque:

. . . .

. . . .

Lo he pasado bien trabajando contigo en este grupo porque:

. . . .

. . . .

Lo he pasado bien trabajando contigo en este grupo porque:

. . . .

. . . .

III. MATERIALES PARA EL "GUPO DE AUTOESTIMA"

1. LISTA GENERAL DE MATERIALES

- Reloj.
- Registro y registro de sesión (para rellenar cada semana).
- Pegatinas con los nombres de los niños, si es necesario (primera semana).
- Una carpeta para cada niño (todas del mismo color).
- Gráfico semanal para cada niño.
- Rotuladores.
- Lápices de grafito y de colores.
- Una barra de pegamento para cada niño (segunda semana).
- Cartulina grande para las reglas básicas.
- Masilla adhesiva para las reglas básicas.
- Cartulina de color (segunda semana, tercera semana).
- Papel blanco A4 (primera semana).
- Hoja de trabajo de cumplidos (segunda semana).
- Cuaderno de elogios (cuarta semana).
- Escenarios (quinta semana).
- Certificado de premio (sexta semana).

2. GRÁFICO DE LA SESIÓN PARA QUE EL NIÑO LO CUMPLIMENTE CADA SEMANA

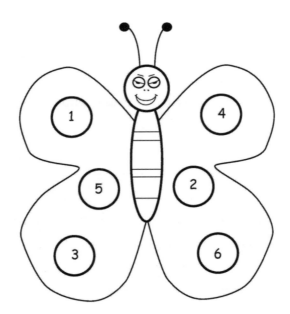

3. Tarjetas de "Cumplidos" o Felicitación

Me gustas porque:

. . . .

. . . .

Me gusta tu:

. . . .

. . . .

Me gusta cuando tú:

. . . .

. . . .

Agradecí cuando tú:

. . . .

. . . .

Eres muy bueno en:

. . . .

. . . .

Eres especial porque:

. . . .

. . . .

Felicidades por:

. . . .

. . . .

Me gusta tu forma de:

. . . .

. . . .

4. CUADERNO DE ELOGIOS

Nombre ....

☐ Elogiar a alguien significa ....
....
....
....
....

☐ Me han elogiado por ....
....
....
....
....

☐ Cuando me elogian siento ....
....
....
....
....

☐ Algo por lo que me gustaría que me elogiasen es ....
....
....
....
....

☐ He elogiado a alguien por ....
....
....
....
....

5. Escenarios

---

1. Todos tus amigos se están riendo de los zapatos nuevos de alguien y ridiculizándolo.
   - ¿Qué sientes?

     . . . .
   - ¿Qué harías y por qué?

     . . . .

---

2. Tu maestra está ausente y ese día tienes un maestro suplente. Algunos niños de la clase se están comportando mal, siendo groseros y sentándose en sitios diferentes de los suyos.
   - ¿Qué sientes?

     . . . .
   - ¿Qué harías y por qué?

     . . . .

---

3. Todos tus amigos se llevan comida rápida (hamburguesas, pizzas, etc.) y se están cambiando a una mesa diferente en el comedor, pero a ti realmente te gusta comer las comidas de la escuela.
   - ¿Qué sientes?

     . . . .
   - ¿Qué harías y por qué?

     . . . .

---

4. Tu hermano o hermana recibe en Navidad algo que tú habías deseado durante mucho tiempo.
   - ¿Qué sientes?

     . . . .
   - ¿Qué harías y por qué?

     . . . .

COLECCIÓN

HERRAMIENTAS

*Una colección de materiales de apoyo y herramientas de calidad
que facilita la actividad docente y formativa del profesorado.
Recursos innovadores, sugerencias creativas, iniciativas nuevas y flexibles,
en un amplio repertorio de actividades
para todas las áreas del currículo de Educación Primaria.*

Títulos publicados: